合作与发展组织
Survey of Household Economics and Decision-making（SHED）家庭经济和决策调查
United Nation Secretary General's Special Advocate for Inclusive Finance for Development（UNSGSA）普惠金融特别倡导者
United Nations Capital Development Fund（UNCDF）联合国资本发展基金
United Nations Environment Programme（UNEP）联合国环境规划署

词　汇

American International Group（AIG）美国国际集团

Center for Financial Services Innovation（CFSI）美国金融服务创

Centre for Financial Health（CFH）金融健康中心

Chinese Academy of Financial Inclusion（CAFI）中国人民大学中

金融研究院

Collateralized Debt Obligation（CDO）抵押债务凭证

Consumer Financial Protection Bureau（CFPB）美国消费者金融保

Corporacion Andina de Fomento 拉丁美洲开发银行

Countrywide 美国康特里怀特金融公司

Credit Default Swap（CDS）信用违约互换

Financial Conduct Authority（FCA）英国金融行为监管局

Financial Health Network（FHN）美国金融健康网络

Financial Institutions Program（FIP）金融机构项目

FinCoNet 国际金融消费者保护组织

Gallup 盖洛普咨询公司

Global Findex 全球普惠金融调查

Grameen America（GA）格莱珉美国

Mortgage-backed Securities（MBS）住房按揭贷款支持证券

Organization for Economic Co-operation and Development (OECD）

序　言

提升普惠金融发展能级
研究探索金融健康建设

◎余文建

一、金融健康建设正当其时

当前我国正处于全面建设社会主义现代化国家新征程，向第二个百年奋斗目标进军的关键时刻。近年来，在党中央、国务院的坚强领导下，在金融部门和社会各界的共同努力下，我国普惠金融发展取得了令人瞩目的成效。党的二十大明确了新时代新征程的使命任务，对金融服务实体经济、服务民生领域也提出了更高要求。在新征程持续提升普惠金融发展能级，需要积极谋划和促进金融健康，以金融赋能促使广大微观主体更好地参与经济社会生活，这是以人民为中心的发展思想在金融领域的生动体现，对于经济增长、金融稳定及民生改善都具有重要意义，也是推进高质量发展、促进构建新发展格局的有效途径。

金融健康作为一个专门概念，虽然提出的时间不久，但金融健康蕴含的理念很早就在经济和社会中发挥着重要作用。比如，《礼记·王制》中提到的“量入以为出”，以及我们经常使用的成语“未雨绸缪”“一诺千金”等都在一定程度上体现了金融健康的要求。近年来，国际金融危机的爆发、新冠肺炎疫情全球大流行等一系列重大事件的发生，促使国际社会日益关注并积极推进金融健康建设。2015年，美国金融服务创新中心提出了个人金融健康概念，受到国际社会的关注。2021年，联合国秘书长普惠金融特别代表创立了金融健康工作小组，致力于在普惠金融的框架内推动金融健康工作。2022年6月，世界银行发布了2021年度全球普惠金融调查数据和分析报告，首次在报告中设立专章讨论金融健康问题，反映出金融健康在全球是一个普遍性问题，也是普惠金融发展面临的重要问题。近年来，中国人民银行高度重视金融健康，研究部署对金融健康问题开展理论研究和实践探索。

目前，尚未形成公认的金融健康定义，不同机构和不同学者对金融健康的诠释有一定差别。综合考虑各方的观点，金融健康大致包括居民日常收入基本能覆盖支出，能够应对重大意外事件等带来的财务冲击，具备基本的金融素养，能够循序渐进地实现自身财务目标，从而达到健康的个人财务状态。可以看出，金融健康意味着居民能够平衡日常收支，有良好的金融韧性、金融能力、金融规划，能通过储蓄、保险、信贷等金融工具应对重大疾病等突发事件带来的财务冲击，能做到诚实守信、有借有还、理性投资、风险为本，能合理运用金融产品和服务使未来的生活在财务上得到基本保障。在发展阶段上，金融健康是普惠金融发展的高级形态。普惠金融主要关注金融服务“有没有”，而金融健康更多地关注金融服务“好不好”。也就是在金融服务“有”的基础上，将个体努力和外部支持相结合，不断改善金融消费者财务状况，进一步加强对金融消费者的教育和保护，提升其财务韧性和抵御风险的能力，最终实现金融福祉。

二、金融健康建设意义重大

一是金融健康是以人民为中心的发展思想在金融领域的具体体现。我国的社会主要矛盾已经转化为人民日益增长的美好生活需要和不平衡不充分的发展之间的矛盾。我们不仅要关注发展规模，更要关注发展质量，关注社会公平正义，关注人民群众的获得感、幸福感和安全感，这在普惠金融领域的集中体现就是要促进个体层面实现金融健康。金融健康建设是个体努力和外部支持的有机结合，是个体金融需求和金融体系包容的有机结合，是发挥我国制度优势和调动人民力量共建的有机结合。当个体拥有较为健康的金融状态时，其所具有的融资需求能通过正规金融体系得到较好的满足，余钱能通过投资理财更好地实现保值增值，可能面临的较大风险冲击能通过保险等方式获得较强保障。总体而言，金融健康的持续改善有助于人民群众更好地追求美好生活和实现自身的全面发展。

二是促进金融健康是共同富裕的内在要求和重要推力。金融是现代经济的核心，在经济社会发展中发挥着重要作用。促进金融健康建设，有助于为勤劳致富营造更良好的金融环境，让市场主体和居民个体在勤劳致富过程中不再受到金融排斥或制约，使金融成为勤劳奋斗的有力帮手，支持小微企业发展壮大，充分调动和激发人的积极性、主动性和创造性，促进人民群众收入的稳步提升和生活的日益改善，帮助更多低收入群体迈入中等收入行列。助力缩小地区差距、城乡差距、收入差距。我国有相当规模的群体刚刚摆脱贫困，有新市民在城镇中融入时间不久，还有规模庞大的个体工商户、小微企业等市场主体，帮助这些微弱经济体实现金融健康，是防止规模性返贫和稳住宏观经济大盘的关键。

三是促进金融健康是增强个体行为理性的有效途径。近年来，不少经济学家发现金融消费者往往具有过度自信、反应不足、“羊群效应”、动物精神等非理性特征，再叠加金融市场的复杂性，很容易出现行为偏差和不理性行为。同时，消费者由于金融素养和金融能力不足，不知道如何选择适合自身需求的金融产品和服务，对于可以提供风险保障的保险等产品和服务缺乏认知，存在漠视甚至使用空白。同时，由于金融消费者和供给者地位不同等，金融消费者在交易中往往处于弱势地位。市场逐利的特性意味着金融机构难以完全对金融消费者提供完善的保护，甚至推出了一些违背金融伦理的产品和服务。这些都要求我们推进金融健康建设，其中的两个核心要义就是开展金融教育和金融消费者保护，促进广大民众更好地学金融、用金融和信金融，更可持续地享受金融改革发展的成果。

四是促进金融健康是维护金融稳定的必要微观基础。促进金融健康有助于增强个体金融韧性，是构筑宏观风险屏障的重要基石。居民个体难免遇到各类风险冲击，如果其不具备一定的金融韧性，可能被迫陷入生活和发展困境。例如，诺贝尔经济学奖获得者阿比吉特·班纳吉和埃斯特·迪弗洛在《贫穷的本质》一书中提出，一些穷人在受到意外等风险冲击时，往往缺乏应对和抵御这些风险的金融工具和手段，其生产生活受到影响，恢复发展难度较大。这次突如其来的新冠肺炎疫情给经济社会带来了严重冲击，从一些实践经验可以看出，金融健康较好的群体即使短期受到严重冲击，也能相对有力地维持正常生活，或更快实现恢复发展。个体往往具有一定的金融脆弱性，在不利时机、不利条件和不利环境下，个体之间的金融风险容易相互传染，尤其是当经济社会中处于金融健康状态的群体占比较低时，可能形成局部性金融风险，甚至演化成系统性金融风险。随着互联网等数字技术的蓬勃发展，个体金融的脆弱性较以往能在更大范围内更快蔓延。而一旦宏观层面金融稳定受到影响，又会反过来削弱个体的金融健康水平。总体而言，金融健康与金融稳定可以相互促进、良性互动。相反，如果忽视了个体的金融健康，金融稳定就容易成为无源之水、无本之木。

三、金融健康建设可从多个方面发力

进入新发展阶段，我们要深入贯彻落实党的二十大精神，加快提升广大微观主体的金融健康水平，促进我国金融实力和水平的全面增强，更有效服务中国式现代化发展需要。金融健康建设是一项系统工程，任重而道远，未来一段时期的着力点可考虑以下几个方面。

一是提升普惠金融发展能级，探索构建金融健康的整体规划和政策框架。在现有普惠金融覆盖面较广的基础上，探索谋划金融健康的整体发展目标和路径，将金融健康建设的理念和要求融入相关政策文件的制定中，多管齐下推进金融健康建设。同时，还要探索完善与金融健康建设相适应的货币、财税等激励性的政策安排。充分调动金融机构、基层党组织等各界力量，营造共建共享的良好的金融健康发展氛围，为金融健康建设提供坚实的组织保障，通过外部支持和个体努力相结合，因地制宜促进金融健康落地见效。

二是发挥金融机构主力军作用，为居民提供针对性更强的个性化金融产品和服务。引导金融机构围绕促进金融健康的内在要求，创新优化产品和服务，将金融健康理念融入产品设计，覆盖事前、事中、事后的服务全流程。使普惠金融从面向普惠群体更进一步落实到每个个体，根据每个客户的金融健康水平为其提供量身定制的支付、储蓄、保险、信贷、理财等各类金融服务，与其财务状况和风险承受能力精准匹配。同时，要将提升客户的金融健康水平作为经营的重要目标之一，与金融机构自身的风控环节有机结合，最终实现金融机构稳健经营与客户金融健康的“双赢”，更好地走出一条普惠金融“成本可负担、商业可持续”之路。

三是提升消费者金融健康意识，强化金融消费者权益保护力度。考虑统筹推进金融教育、金融消费者保护与金融健康建设。在金融教育的顶层设计中有效融入金融健康理念，系统推进金融知识纳入国民教育体系，统筹开展集中性金融知识普及活动，不断提升消费者金融素养，培养其科学作出财务决策和选择适当金融产品的能力，从需求侧为消费者积极追求金融健康充分赋能。同时，不断强化金融消费者权益保护力度，严厉打击侵害消费者合法权益的行为，为广大人民群众的金融健康保驾护航。

四是完善相关基础设施和法律法规，为金融健康提供有力的制度保障。持续优化完善高效便捷安全的支付、征信等金融基础设施，不断提升消费者获取金融服务的可得性和便捷性。完善数字金融等基础设施，探索发挥数字技术在金融健康的理念宣传、实践落地等方面的积极作用，在有条件的范围内探索建立个体金融健康档案。同时，可考虑将金融健康理念纳入相关法律法规的框架中，在推进金融稳定、金融消费者权益保护、个人破产等立法工作中充分考虑金融健康的要素。建立完善与金融健康要求相适应的监管规则体系，强化行为监管，打造有利于金融健康建设的良好金融生态。

五是建立健全评估评价指标体系和诊断工具，为金融健康提供科学的衡量标准。指标数据对金融健康的政策制定和批量化的“体检诊断”至关重要，是金融健康建设的基础。可考虑探索建立金融健康指标体系及填报制度，完善金融健康评价标准。可以借鉴吸收财务日记调查等微观调查方式方法，将其与普惠金融调查相结合，使其在广度和深度上相互补充，为金融健康建设提供更全面的衡量标准和客观依据。可在普惠金融改革试验区等地大胆探索，先行先试，试点开展一段时期的金融健康跟踪调查，研究开发金融健康诊断工具，探索更多可复制可推广的实践经验。

中国人民大学中国普惠金融研究院（CAFI）是国内率先研究和倡导金融健康的研究机构之一。经过多年的努力和积累，由CAFI团队撰写的《读懂金融健康》一书即将付梓。本书生动通俗地展示了金融健康的理念及其国内外发展情况，对于促进全社会关注和认识金融健康具有积极意义。书中介绍的金融健康调查为我们洞悉当下我国的金融健康情况提供了一个定量的切口和视角。书中还提出了推进金融健康建设的政策建议，值得引起重视和思考。

是为序。

前　言

2009年2月，我在美国读博士的第三年，正值金融危机愈演愈烈。当时美国媒体充斥着贷款违约、房产清算的报道。一天傍晚，我开车从办公室回住所的路上，美国全国公共广播电台正在报道一则300多人抗议活动的消息。因为当时的市场环境，这些示威人员面临抵押清算失去房产的困境，他们不满美国政府拿着纳税人的钱去解救华尔街的金融精英，却不管普通民众的死活。所以他们聚集在摩根士丹利CEO的豪宅外，示威抗议。现场记者对一位年轻人的采访，让我记忆深刻。这位年轻人在金融危机发生之前，从一家小银行获得了一笔46.5万美元的住房按揭贷款，当时他刚毕业两个月，每年收入大概4万美元。住房按揭贷款余额是他年收入的10倍。假设他获得的贷款是30年固定利率，利率按照5%计算，如果还款方式是等额本息，他每月的月供预测是2496美元，一年房贷还款接近3万美元，占他年收入的75%。美国房市崩盘之前的疯狂盛状可见一斑。

2008年国际金融危机让一部分经济学家觉得应该把金融消费者保护提升到维护宏观经济稳定和防范系统性金融风险的高度来看待。美国经济学家艾伦·布林德（Alan S. Blinder）在总结2008年国际金融危机的教训时提到：我们知道金融市场总有些“坏人”，专门物色容易上当的“傻白甜”，通过欺诈和诱骗获取暴利。我们也知道防范金融欺诈需要监管。在 2008 年国际金融危机之前，我们大多数人都认为这些违法违规的行为微不足道，我们不曾想这些行为会影响宏观经济。但是，我们错了。贷款机构向原本买不起房、还不起贷款的家庭发放按揭贷款，助推了房地产市场泡沫的产生。华尔街又在评级公司的协助下把这些危险的次级贷款打包成了“优质”的证券化资产，出售给了投资者。当潮水退去、泡沫破灭，整个经济受到波及。这又有谁曾想到过？布林德进一步提到：如果不是因为民众缺乏金融知识和素养，不法金融机构也很难有可乘之机，实施欺诈和诱骗。有些人因为不理解复利、摊销和浮动利率按揭贷款中的利率重设，很容易被诱导接受实际上负担不起的按揭贷款。 这场金融危机让大家明白，金融素养不足会带来切实的伤害。

2008 年国际金融危机也让政策监管者开始重新审视金融消费者保护。2011 年 11 月，二十国集团首脑会聚法国戛纳，召开了自 2008 年 11 月以来的第六次峰会，会议发布的二十国集团共同申明首次把金融消费者保护与金融稳定联系了起来。与此同时，不少国家加强了金融消费者保护工作。2010 年 7 月美国国会通过金融改革法案——《多德—弗兰克法案》。该法案提出设立一个新的联邦政府机构——消费者金融保护局，将碎片化的金融消费者保护监管统一到一个机构中。

2015 年，美国消费者金融保护局提出了金融健康的概念（使用的英文术语是 financial well-being），目的主要是为金融教育项目设立一个可观察、可度量的评价体系，据此来衡量金融教育工作的成效与进展。之后，金融健康这个概念引起了国际社会的兴趣。

什么是金融健康？大家可能感觉有些陌生。但是这个概念涉及的问题，却和大家息息相关。比如，购置房产，从银行贷款多少才是合理的？房贷月供占收入的比例在什么水平才是恰当的？特别是考虑到失业风险和贷款利率变化风险，应该如何管理个人负债？贷款买房时，银行需要调查借款人个人征信情况。大家可曾关注过自己的征信状况？信用卡借款逾期，无论金额多少，都会留下不好的征信记录。如果逾期次数过多，银行可能会拒绝贷款申请。又如，我们的生活面临许多的不确定性，失业、交通意外、疾病等。有些风险事件对财务的影响可能不大，但是有些风险事件产生的财务后果对个人和家庭可能是致命的。我们要如何管理这些风险呢？再如，因为人口结构的变化，大家越来越关注养老问题。2022 年我国正式出台的个人养老金保险制度，对现收现付的基本养老保险制度是一种补充。那么，我们要如何选择个人养老产品呢？

我们编写这本书的目的是希望引起广大公众读者对自身金融健康的关注，帮助大家理解金融健康的国内外发展和具体运用。同时，我们也希望帮助政府官员在政策制定和监管中融入金融健康的理念，并引导金融从业者在业务开展中充分考虑客户的金融健康。

对于商业机构而言，市场环境可能今非昔比。有些领域已经从增量市场转变成了存量市场，市场竞争可能要在需求侧下功夫。谁能帮助消费者应对财务上的问题、提升他们的金融健康水平，谁能提供创新性的解决方案，可能就可以在市场竞争中获得一席之地。从长期来看，金融机构如果没有金融健康的客户群体，可能就没有可持续的业务。2008 年国际金融危机的前车之鉴告诉我们，一些金融机构采取诱导性的营销手段，让原本负担不起住房贷款的家庭背上了房贷。虽然短期内业务获得了快速的增长，但是潮水退去后，问题逐步暴露，最后濒临破产。

从政策监管的角度看，过去我们在讨论普惠金融的时候，主要关注的问题是脆弱人群能否获得基本的金融服务。现在，国际上大家讨论的焦点发生了变化，越来越关注金融服务能否增进人们的福祉。如果说过去我们讨论的是金融服务有没有的问题，那么现在大家讨论的是金融服务好不好的问题。按照时任中国人民银行金融消费权益保护局局长余文建的话：金融健康是普惠金融发展的高级形态，普惠金融高质量发展离不开金融健康。

本书的编写过程跨越一年多的时间。这期间离不开中国普惠金融研究院贝多广院长、莫秀根副院长的鼎力支持。如果没有中国普惠金融研究院众多同事的倾囊相助，比如曾恋云博士，我和汪雯羽很难完成此次艰苦的编写工作。在这里，我还要特别感谢康熙熙和戴茜，她们辛勤的付出，让原本粗糙的初稿，有了出版的模样。最后谨以此书献给在 2010 年感恩节辞世的 Leonardo “Pepe” Auernheimer。读博士期间，我和他常常在老布什图书馆楼下的吸烟区讨论问题。他的睿智和幽默，时隔数年，依旧怀念。

胡　煦

2023 年 7 月 5 日于上海新天地

目录

第一章 绪 论……………………………………………………………… 1

一、什么是金融健康 ……………………………………………………… 2

二、为什么要提金融健康 ………………………………………………… 2

（一）全球金融健康现状 ………………………………………………… 3

（二）国内背景 …………………………………………………………… 4

三、影响金融健康的因素有哪些 ………………………………………… 5

（一）收入情况 …………………………………………………………… 5

（二）风险暴露情况 ……………………………………………………… 5

（三）个人习惯与素养 …………………………………………………… 6

（四）金融服务可得性 …………………………………………………… 6

四、哪些政策与金融健康息息相关 ……………………………………… 7

（一）普惠金融与金融消费者保护 ……………………………………… 7

（二）金融教育与能力建设 ……………………………………………… 7

（三）就业、医疗、养老等社会保障制度 ……………………………… 8

（四）宏观经济政策 ……………………………………………………… 8

五、金融健康与普惠金融的关系 ………………………………………… 9

六、如何推进金融健康建设 ……………………………………………… 10

（一）建立本土化的金融健康度量方法 ………………………………… 10

（二）将金融健康纳入普惠金融政策框架 ……………… 11
（三）推动客户金融健康融入金融商业模式 ……………… 13
（四）在需求侧赋能金融消费者主动追求金融健康 ……………………………………………………… 13
（五）将金融健康纳入建设社会经济安全网的通盘考虑 ……………………………………………………… 14
（六）参与国际对话 ……………………………………… 14

第二章　金融健康的国际发展与启示 ……………………… 16

一、超越普惠金融 ……………………………………………… 16
二、理解金融健康 ……………………………………………… 20
（一）以金融消费者为中心的理念 …………………… 23
（二）以数据为基础的政策制定辅助工具 …………… 24
（三）目标明确的政策框架体系 ……………………… 25
三、2008 年国际金融危机引发的反思：金融为谁……… 26
（一）贷款增速是一个应该追求的目标吗 …………… 29
（二）重新审视金融消费者保护：从微观到宏观 …… 32
（三）发展“好金融”的基础是消费者对金融体系的信任 ……………………………………………… 37
四、对中国的启示 ……………………………………………… 38

第三章　金融健康的度量 …………………………………… 42

一、度量方法综述 ……………………………………………… 44
（一）CFPB 提出的方法 …………………………………… 44
（二）FHN 提出的方法 …………………………………… 47

（三）小微企业金融健康度量 ……51
（四）其他相关工作 ……55
二、建立本土化的金融健康度量方法 ……59
（一）路径选择 ……59
（二）中国实践案例 ……64

第四章 家庭金融健康 ……71

一、中国家庭金融健康现状 ……71
（一）收不抵支不再是低收入人群的标签 ……72
（二）财务规划远非日常行为 ……74
（三）低收入、灵活就业者的债务管理面临更大挑战 ……75
（四）中低收入、灵活就业者仍存在较大风险敞口 ……76
（五）低学历、低收入群体及中青年财务压力最大 ……77
（六）存款或借款应急3个月对于半数灵活就业者皆为难事 ……78
二、影响家庭金融健康的因素 ……80
（一）收支特征 ……80
（二）风险暴露 ……81
（三）金融素养与个体习惯 ……83
（四）金融服务可得性 ……85
（五）家庭财务受困案例 ……86

三、支持家庭金融健康的政策体系 …… 89
（一）普惠金融 …… 90
（二）金融消费者保护 …… 91
（三）金融素养与能力建设 …… 92
（四）社会经济发展政策 …… 94
（五）宏观稳定政策 …… 95
（六）小结 …… 95
四、维护家庭金融健康的市场实践 …… 96
（一）荷兰安智银行 …… 96
（二）格莱珉美国 …… 98
（三）美国银行 …… 100

第五章　小微企业金融健康 …… 102

一、认识小微企业 …… 102
（一）小生意、小作坊的特点 …… 102
（二）生命周期视角下的小微企业融资 …… 106
二、理解小微企业金融健康 …… 109
（一）小微企业金融健康与家庭健康的差异 …… 109
（二）关注小微企业金融健康的意义 …… 111
（三）我国小微企业的金融健康现状 …… 113
三、影响小微企业金融健康的因素 …… 114
（一）经营内容 …… 115
（二）风险暴露 …… 115
（三）管理能力 …… 116
（四）金融服务可得性 …… 117

（五）小微企业金融健康的实证研究案例 ………… 117
四、政府部门如何守护小微企业金融健康 ………… 119
（一）支持小微企业金融健康的政策体系 ………… 119
（二）提高支持小微企业政策的精准度 ………… 122
五、维护小微企业金融健康的市场实践 ………… 123
（一）小额贷款机构 Caja Bienestar ………… 124
（二）金融科技平台 Zensurance ………… 125

第六章 构建金融健康生态 ………… 127

一、重塑普惠金融政策体系 ………… 127
二、动员金融服务供应商 ………… 132
（一）为什么要将客户金融健康融入商业模式 ………… 133
（二）什么是融入客户金融健康的商业模式 ………… 135
三、加强金融消费者能力建设 ………… 136
（一）塑造金融消费者的三层能力体系 ………… 137
（二）金融能力建设的四个阶段 ………… 137
（三）金融能力建设的困境和应对 ………… 139
四、构建社会经济安全网 ………… 142
五、推动金融健康研究 ………… 143
六、参与国际交流 ………… 144

后 记 ………… 147

第一章　绪　论

2021 年 12 月，时任中国人民银行副行长刘桂平，在 2021 年中国普惠金融国际论坛上提到，要增强居民和家庭的金融健康意识，在现有普惠金融覆盖面较广的基础上，通过推进金融健康建设，优化居民和家庭的财务状况，激发居民的创新创业动力和潜能，为共同富裕奠定更加坚实的群众基础。

2022 年 11 月，时任中国银行保险监督管理委员会副主席肖远企，在 2022 年金融街论坛上指出，新市民三分之二以上是灵活就业人员，就业和收入受经济周期、所从事工作性质，甚至气候等因素影响较大，可能存在更大波动和弹性。金融机构可以发挥优势，帮助新市民做好财务规划和财富管理。特别是要提供有针对性的产品和服务，能够平滑这种波动对其个人和家庭金融健康产生的不利影响。

那么，什么是金融健康？个人、家庭和企业，在什么样的状态下可以叫作金融健康，在什么样的状态下又是不健康的？金融健康与普惠金融的关系是怎么样的？金融监管机构提出金融健康的意义与背景又是什么？导致居民、家庭和企业金融不健康的原因有哪些？在这些原因中，哪一些与政策监管息息相关？推进金融健康建设，具体要怎么做？这些是本书希望为大家解答的主要问题。

一、什么是金融健康

一名居民或者一个家庭的金融是否健康，通常从以下三个方面的内容进行考虑。

一是日常。是否有足够多的钱应对每一天的基本生活开支？

二是应急。是否能够妥善应对突如其来的紧急开支？比如，因为短暂失去收入来源，是否能在无业状态下维持体面的生活？又如，卡车司机，因为交通事故伤残入院，是否有钱就医？饭馆小老板，因为疫情防控，两个多月没有营业收入，是否有能力渡过难关？家庭成员发现身患重病，是否有钱救治？

三是未来。是否有能力实现合理的财务目标？比如，是否能存足够多的钱在城里买一套属于自己的房子？是否有钱送子女读高中？未来退休了，是否有钱安享晚年？

澳大利亚联邦银行把这三个方面形象地称作“每一天”“下雨天”“有一天”。除了这三个方面，主观情绪也可以是金融健康的一部分。比如，对自身的财务状况是否有信心？当前的财务状况是否产生了压力？本书第二章介绍了国际上主流的金融健康定义。

二、为什么要提金融健康

普惠金融主要强调的是金融服务的可得性。国外研究发现，一个人拥有使用金融服务的机会，并不代表有能力利用金融服务、做好日常收支管理和长期规划，并应对紧急开支达到金融健康的状态。比如，美国金融服务创新中心（Center for Financial Services Innovation, CFSI; 现已更名为美国金融健康网络，Financial Health Network，FHN）在2015年的一项研究中发现，超过半数的美国人金融不健康，虽然当时没有银行账户的美国人比例已经不到10%。

所以，将金融健康这个概念纳入普惠金融发展战略中，是要提醒大家，提高金融服务可得性、普惠性的终极目标是增进福祉、提升人民群众的生活质量。本书第二章介绍了金融健康概念在国外的发展历程与时代背景。特别介绍了为什么2008年国际金融危机以后，美国国会成立一个新的监管部门——美国消费者金融保护局（Consumer Financial Protection Bureau，CFPB），这个新的监管机构为什么会提出金融健康概念并开发了相应的度量方法，2008年国际金融危机引发的深刻反思对中国发展普惠金融有什么重要的启示。

（一）全球金融健康现状

国际研究发现，即便是在金融服务可得性已经比较高的国家，不少居民也还在为自身的财务状况苦恼。比如，世界银行2021年开展的全球普惠金融调查（Global Findex）发现，在高收入国家的成年受访者中，仍然有40%的人担心没钱支付每月的日常开支，59%的人担心没钱养老，53%的人担心没钱支付突发的医疗支出。

关于财务韧性，世界银行在2021年Global Findex中设计了一个这样的问题："如果让您在未来30天内筹集一笔资金（这笔资金是您所在国家人均国民收入的5%），这对您来说有多困难？"调研结果发现，全球88%的受访者回答能够筹集到这笔应急资金，32%的受访者回答完全不存在困难。盖洛普咨询公司（Gallup）2018年在全球10个国家开展的问卷调查也涉及了财务韧性的相关问题。Gallup问受访者："假设您失去工作收入，只能依靠储蓄或者变卖东西生存，维持基本生活需求，比如食物、住房和交通，您能支撑多久？"Gallup的调研数据显示[①]，在一些低收入国家，超过一半的居民，在失去工作以后，储蓄无法维持1个月以上的基本生活开支需求。

（二）国内背景

1. 新冠肺炎疫情凸显财务脆弱性

2022年3月，随着上海及主要一线城市不同程度地发生新冠肺炎疫情，全国失业率从2022年2月的5.5%攀升至5.8%。失业率升高的背后是企业的停摆和家庭收入的减少，大家能顺利应对随之而来的财务冲击吗？在2020年2月新冠肺炎疫情暴发初期，中国人民大学中国普惠金融研究院（Chinese Academy of Financial Inclusion, CAFI）就新冠肺炎疫情的影响进行了一份问卷调查。调查发现，超过20%的家庭和小微企业的收入减少八成以上，40%以上的家庭和小微企业的收入减少一半以上；在生产经营方面，10%的小微企业已经停止运行，12%的小微企业处于不知所措的状态，30%的小微企业计划减小规模。许多受访的小微企业主表示，如果政府不出台临时纾困措施，企业将难以维持超过3个月。

2. 数字创新给金融消费保护提出了新的要求

大家在享受数字金融带来便利的同时，也面临更多风险，如个人隐私的泄露。有报道称，多数金融借贷App通过读取用户的通讯录，把借款人通讯录交给催收公司，在借款人逾期无法偿还债务的时候，以“爆通讯录”的方式，恐吓威胁借款人。

3. 金融供给侧结构性改革的内在要求

金融供给侧结构性改革要求金融机构要从以产品为中心转变为以客户需求为中心。这种转变，与从强调金融服务可得性到强调金融服

① 参见https://news.gallup.com/reports/233399/gallup-global-financial-health-study-2018.aspx。

务为群众带来的福祉，理念上是一致的。

三、影响金融健康的因素有哪些

金融是否健康是多种因素综合影响产生的结果。这其中有一些与个人收入、支出习惯有关，有一些与宏观政策环境相关。大体可以分为以下四类：收入情况、风险暴露情况、个人习惯与金融素养和金融服务可得性。

（一）收入情况

相对而言，高收入人群在应对日常开支方面，可能更加容易。不仅如此，在满足了基本开支需求之后，高收入人群还有余额可以存起来，以备不时之需，或可以做些投资，规划未来。世界银行 Global Findex 数据显示，低收入人群应对财务风险的能力更弱。但这并不意味着高收入人群就不存在金融不健康的问题。世界银行 2017 年 Global Findex 显示，在收入排名前 60% 的受访者中，有 33.1% 的人无法在 1 个月内筹集人均国民收入的 5%。

（二）风险暴露情况

一是收入风险。如果一个人或者一个家庭收入不稳定，随时都有失业的风险，那么在应对日常开支和紧急开支方面，可能比较困难，更不要提投资未来。所以，收入方面的风险会影响金融健康状态。这个时候，失业保障方面的政策举措就至关重要。比如，《中华人民共和国劳动法》规定，用人单位应为劳动者缴纳失业保险，并且在解除劳动合同时需要向劳动者支付一定的经济补偿。但是，有些灵活就业人员没有跟用人单位签订劳动合同，也没有缴纳社保，因此失业以后也无法得到经济补偿。

二是支出风险。如果一个人因为从事的职业或者因为不良的生活习惯，导致发生安全事故或者身患疾病的概率比较高，那么用于抵御这种风险的准备就需要的比较多，相对来说金融不健康的可能性就比较大。而社会保障制度在一定程度上可以缓解这方面的风险。

（三）个人习惯与素养

在金融方面，健康的个人习惯包括定期储蓄、理性消费、合理举债和谨慎投资等。有些人因为经不起“高回报”的诱惑，掉入投资诈骗陷阱。另外，金融素养也会影响一个人是否能够合理地使用金融服务。比如，如果一个人不会计算内部收益率，可能会错误认为信用卡分期付款的手续费利率很低，从而错误举债。可见，金融教育和金融能力建设很有必要。

案例：假设有一笔信用卡需要还款10000元，信用卡公司销售人员介绍可以分期还款，分12个月，每月支付等额本金833.33元（10000/12）和手续费60元（10000×0.6%），每月共支付893.33元。这样一年以后，归还本金10000元，手续费720元，看上去利率只有7.2%。消费者如果不具备一定的金融知识，无法理解实际利率其实高达13%。实际上，要向消费者解释清楚什么是内部收益率（internal return rate）并不容易。

（四）金融服务可得性

有需求，同时具备一定的金融素养，如果没有合适的或者可负担的产品，也会影响个人或者家庭的金融健康。比如，大家都有防范重大疾病风险的需求。若身患重病，希望有一定的钱来保障基本生活开支。

因为风险事件可能在20~30年后才发生，所以希望保障金额可以抵御一定的通货膨胀。如果20~30年后没有患病，还希望有笔钱可以用来养老。能把这些需求都满足的保险或者金融产品，在我国还比较难找。

四、哪些政策与金融健康息息相关

与金融健康息息相关的政策监管，大致有以下四类：普惠金融与金融消费者保护，金融教育与能力建设，就业、医疗、养老等社会保障制度及宏观经济政策。

（一）普惠金融与金融消费者保护

金融健康是普惠金融发展的下一个阶段，从单纯的提高可得性到为金融消费者创造价值。因此，在这个阶段，普惠金融监管的重心应该是考察各类金融服务是否提升了个人、家庭和小微企业的金融健康水平。

一是存。储蓄类的产品对于应对财务风险、实现长期目标至关重要，应该强调安全性。当然，金融消费者也应该提高风险防范意识。

二是汇。实惠、便捷、可靠的支付产品对于管理日常开支很重要。

三是贷。信贷可得性强调得比较多，但负债不是越多越好。

四是保险。保险产品对于应对各类风险事件造成的收入减少、开支增加，可以发挥作用。

五是投资与养老金。投资理财产品、养老金产品对实现长期财务目标很重要。

（二）金融教育与能力建设

通过教育和能力建设，改善居民金融消费习惯，对提升金融健康水平有帮助。2013年，我国设计了《中国金融教育国家战略（初稿）》，并被经济合作与发展组织收录至《推进国家金融教育战略》，于二十国集团（G20）圣彼得堡峰会期间发布，体现了国家对于金融教育重要性的清晰认知。其后的《关于加强金融消费者权益保护工作的指导意见》和 2021 年中国银保监会发布的《银行保险机构消费者权益保护监管评价办法》分别强调了“建立金融知识普及长效机制……教育部要将金融知识普及教育纳入国民教育体系”和“主要评价银行保险机构消费者教育宣传总体安排、集中教育宣传活动、常态化消费者教育工作开展情况等”[①]。可见，长效、常态化的金融教育对于居民金融消费素养的提高至关重要，相关的政策建设对于提升金融健康水平必不可少。

（三）就业、医疗、养老等社会保障制度

社会保障制度关乎家庭的能力、收支和风险保障等方面。比如，2022 年我国正式出台的个人养老金制度，对现收现付的基本养老制度是一种补充，使养老又多了一种新选择。目前，我国已经基本形成了包含社会保险、社会福利、社会救助、慈善事业、社会优抚、住房保障、义务教育等在内的多层次的社会经济发展政策。

（四）宏观经济政策

当局部或系统地发生影响家庭金融健康的风险时，为了维护宏观经济稳定，政府颁布财政金融政策及其他救助手段对特定地区和特定人群进行支持，对守护金融健康也发挥了不容忽视的作用。比如，2020 年，新冠肺炎疫情以来，美国政府采取的财政救助政策，在一定程度上缓解了美国民众因为失去收入而面临的困难。虽然 2020 年 4 月

① 孟祥轶，伦晓彤．金融普及教育：国家战略正式出台的时机已经成熟 [J]. 清华金融评论，2022（6）.

美国失业率高达14.7%，失业人数高达2304万人，美联储[①]于2020年7月在对美国家庭财务现状的调研中发现，美国家庭在应付日常开支与紧急开支方面已经达到了新冠肺炎疫情前的水平。这受益于期间采取的纾困措施。具体而言，2020年7月美联储调研发现，85%的受访者反映可以支付当月的所有日常开支（2019年10月调研时，84%的受访者反映可以支付当月的日常开支），70%的受访者反映可以支付400美元的紧急开支（2019年10月调研时，63%的受访者可以支付400美元的紧急开支）。

五、金融健康与普惠金融的关系

过去我们在讨论普惠金融的时候，主要关注的问题是脆弱人群能否获得基本的金融服务。现在，国际上大家讨论的焦点发生了变化，越来越关注金融服务能否增进人们福祉。如果说过去我们讨论的是金融服务“有没有”的问题，那么现在大家讨论的是金融服务“好不好”的问题。过去，我们更多的是从供给侧思考普惠金融的发展，强调金融服务对脆弱人群的覆盖。现在，大家更加关注需求侧的问题：金融消费者在财务上遇到了什么困境？他们有能力选择恰当的金融产品吗？过去，我们把关注点聚焦在脆弱人群上，也就是那些在使用金融服务时受到排斥的群体。现在，大家讨论的财务韧性、财务担忧，涉及的群体更为广泛。管理日常开支、应对财务风险、投资未来，这些问题不只是对脆弱人群才重要，与每个人、每个家庭和每个企业都息息相关。因为这些关注焦点的转变，金融健康的概念应运而生。

可以说金融健康是普惠金融发展的更高层次。具体来看，在普惠

① 美国联邦储备系统（the Federal Reserve System），为美国的中央银行。

金融的框架中，从金融产品到金融健康，可以再细分为四个阶段。第一个阶段，主要关注的是金融产品和服务的普及，目的是将长尾客户和被传统金融系统排斥的客户包容进来。第二个阶段，提高消费者的金融知识和素养，让他们了解基本的、与生活相关的金融知识，以便能更好地使用产品和服务。第三个阶段，改善消费者的金融能力和行为。金融能力的强弱是通过行为来体现的，是其金融知识与素养的外在表现，也是对个人金融状态产生作用的直接方式。个人的金融行为除了受到认知类的金融知识素养的影响，还受到非认知类的个人心理情绪状态的影响。第四个阶段，金融健康。这是个人金融行为所导致的个人财务状态和结果。

六、如何推进金融健康建设

（一）建立本土化的金融健康度量方法

推进金融健康建设的第一步，我们认为是明确金融健康定义并建立本土化的度量方法。有了度量，我们才能了解目前我国居民的金融健康现状。知道了现状，我们才能深入研究影响我国居民金融健康水平的决定因素。分析了原因，我们才能对症下药，知道政府部门、商业机构、消费者分别应该做些什么。

本书第三章介绍了国际上主流的金融健康度量方法，并从中国政策监管部门、商业机构的视角出发，讨论应该如何构建本土化的金融健康度量体系。从目前国际上已经提出的度量方法来看，主流的思路是通过问卷调查的方式收集数据，再通过问卷数据去推测受访对象的金融健康状态。

中国普惠金融研究院（CAFI）在中国首次提出金融健康的定义，

并设计了一套调查问卷，度量个人和家庭的金融健康。调查发现，中国家庭的金融健康水平仍有较大的提升空间。CAFI 提出的金融健康概念框架包括日常管理、机会、韧性和掌控力四个维度，我们将在本书第三章做详细介绍。（1）日常管理。这一维度重点关注家庭是否能够在一个收入周期内实现收支平衡。（2）机会。这个维度主要考察家庭是否设立长期规划和目标，并掌握必要的实施手段。（3）韧性。这个维度主要衡量家庭应对财务风险的能力。（4）掌控力。这个维度指的是家庭对财务状况是否具有掌控、能力和信心。在以上框架的基础上，CAFI 设计了一套合计 10 个问题的调查问卷，在 2021 年、2022 年陆续收集到 20 余万份问卷回复。本书第四章则利用这些调研数据，描绘了中国家庭金融健康的基本现状。

因为小微企业在创造就业、保持市场活力等方面起着重要作用，该类企业的金融健康问题值得关注。全球范围内，目前这个领域的探索还相对初步。例如，如何定义小微企业的金融健康？应该使用什么样的度量指标？诸如此类的问题，都还在摸索的过程中。本书第五章，我们结合中国的实际情况，谈谈对小微企业金融健康的一些初步认识。

（二）将金融健康纳入普惠金融政策框架

将金融健康纳入普惠金融政策框架可以从以下三个方面入手。

第一，将金融健康作为普惠金融发展的目标。普惠金融的终极目标是经济社会的均衡发展与繁荣，而金融健康算是普惠金融发展更加直接的中间目标。在普惠金融政策目标中明确金融健康的重要性，有助于提示政府、监管者和行业实践者，普惠金融不是为了包容而包容，它的出发点和落脚点都应该是我国经济主体的福祉水平能够在总量上推升、在结构上更加均衡，从而为发展与繁荣构建起韧性，同时为短期与长期的经济资源做好准备。

第二，在金融消费者保护中关注金融健康结果。负责金融消费者保护的监管部门可以根据时代背景和利益相关者的需求动态来界定金融健康在不同细分领域的结果框架。也就是说，要特别关注监管资源的高效分配及相应的重点任务定位。要充分运用数字技术、行为科学成果来进行评估和监督。要引导金融服务供应商在治理中纳入客户金融健康等积极的消费者层面的结果，来作为发展策略和企业文化，鼓励促进客户金融健康的业界创新实践。要加强监管方、供应方、需求方及提供服务或技术支持的机构等这些利益相关方之间的对话交流，要促成提升金融健康的行业倡议，共同应对金融发展和金融消费者保护的未知挑战。

以世界银行的金融消费者保护框架为基础，监管部门可以在法律和监督框架、信息披露和透明度、公平对待客户的企业文化和公司治理、数据保护和隐私、争议解决机制、存款保护和破产制度等方面研究界定理想结果，并提供制度支持。

第三，在金融教育中加入有助于提升金融健康的结构、内容和方法。2022 年 8 月 26 日，中国人民银行、中国银保监会、中国证监会、国家网信办举行新闻发布会，介绍了 2022 年“金融知识普及月　金融知识进万家　争做理性投资者　争做金融好网民”活动情况。时任中国人民银行金融消费权益保护局局长余文建特别强调要“倡导金融消费者和投资者科学理财和合理借贷，推动金融健康的社会共建，促进共同富裕”。可以看出，金融健康的理念已经开始出现在政策指引中。未来一段时期，通过在金融教育的结构和内容上明确金融健康的重要性，政府、监管部门、金融机构、雇主、学校和社区可以共同致力于提升公众的金融健康意识，并不断开发支持金融健康的学习资源和支持工具。

（三）推动客户金融健康融入金融商业模式

金融机构为消费者提供服务，对消费者的影响比较直接，应该是金融健康建设的主力军。对金融机构自身而言，将客户金融健康结果融入商业模式中不仅是社会责任，更是当前提升自身竞争力、区分度的有效路径。

特别需要指出的是，所有可能面向脆弱客户（个人、家庭和企业）的金融服务供应商都有必要、有意识地建立融入客户金融健康结果的商业模式。例如，银行、保险、各类投资工具供应商、金融科技企业、小额贷款公司、金融规划和咨询服务商等。英国金融行为监管局于2020年10月开展的调查显示①，高达53%的成年人至少显示出一种脆弱性特征，包括健康状况、生活事件、财务或情绪韧性、能力水平（如识字水平、数学能力、对数字产品和服务的接受度）等方面问题所引致的风险。可以看出，金融服务供应商在考虑融入客户金融健康结果的商业模式的范围是非常广泛的。

（四）在需求侧赋能金融消费者主动追求金融健康

推进金融健康建设需要充分调动金融消费者的主观能动性，提升消费者金融素养，全面加强金融消费者的能力建设。首先，要增强消费者对于金融能力建设的认同感；其次，要建立消费者的主体意识，形成自觉动力；最后，实现金融能力的内源性提升。

为金融消费者赋能还应该统筹金融健康生态体系中的各个主体，如政府及监管部门、金融服务供应商、社会组织及金融消费者群体，

① 参见 https://www.fca.org.uk/publication/research/financial-lives-survey-2020.pdf。该调查的样本（受访者）共22267人。

构建多元主体协同建设机制。协同建设机制应突出“协同”，落脚于“建设”，以守护金融健康为价值导向，纵向有分工，横向有协助共商，合理定位多元利益相关者的角色和功能，形成共同参与、良性互动、优势互补、风险共担的建设格局。

（五）将金融健康纳入建设社会经济安全网的通盘考虑

经济主体金融健康的影响因素远超过金融部门的范畴。养老保障、医疗保障、就业政策、雇主支持及诸多福利的供给方式等都可能显著影响经济主体的金融健康。相应地，未来一段时期，金融部门有必要与人社部、财政部、民政部、卫健委等相关部门通力合作，整合、联通促进经济主体金融健康的社会资源。在提升资源运用效率的同时，共同构建更加全面、有韧性的社会经济安全网。

在数字时代背景下，有助于构建和提升金融健康的社会资源（包括线下资源）应该通过技术和网络实现更加高效率的整合和供给。2022 年 7 月，国务院办公厅同意建立由国家发展改革委牵头的数字经济发展部际联席会议制度，这可以成为将金融健康纳入社会经济安全网的制度支持。

（六）参与国际对话

我国在普惠金融发展中所取得的成果已经得到了国际社会的充分认可，当前有必要进一步参与到金融健康的国际对话中。尤其是当我们认识到金融健康与经济发展、金融稳定、社会安全的密切联系时，积极的国际交流不仅有助于我国在政策工具和方法上取长补短、持续精进，也有利于建立观察渠道，了解各国微观经济金融发展动态，反思现象背后的创新动力与风险信号，及时把握我国经济金融发展可以抓住的机会和可能面临的风险，不断增强金融部门乃至经济社会的发展韧性。

目前，联合国资本发展基金（United Nations Capital Development Fund, UNCDF）已经成立了金融健康中心（Centre for Financial Health, CFH）。联合国环境规划署（United Nations Environment Programme, UNEP）旗下的金融机构项目（Financial Institutions Program, FIP）开始为参与机构提供有关金融健康的发展指引。拉丁美洲开发银行（Corporacion Andina de Fomento）也正在支持拉丁美洲各国对金融健康的衡量及将金融健康融入普惠金融和金融教育的项目中。此外，经济合作与发展组织（Organization for Economic Co-operation and Development, OECD）也与国际金融消费者保护组织（International Financial Consumer Protecotion Organisation, FinCoNet）合作召开了基于绩效的金融消费者保护论坛，共同研讨监管方法如何为金融消费者带来良好结果。未来一段时期，我国可以在亚洲乃至全球范围内积极参与、倡导金融健康主题的对话与合作。

第二章　金融健康的国际发展与启示

过去 10 年，从全球范围来看，普惠金融发展成效显著，为什么有机构提出要“超越普惠金融”？如何理解金融健康这个概念？为什么 2008 年国际金融危机以后，美国成立了一个新的监管部门——消费者金融保护局（CFPB）？这个新的监管机构为什么会提出金融健康概念并开发了相应的度量方法？ 2008 年国际金融危机引发了哪些反思？对中国发展普惠金融又有什么重要启示？

一、超越普惠金融

过去 10 年，全球普惠金融发展成效显著，银行账户普及率[①]从 2011 年的 51% 提升到 2021 年的 74%。虽然低收入国家银行账户普及率仍然显著低于中高收入国家，但是普惠金融 10 年的发展已经让全球大部分人拥有了银行账户。高收入国家几乎达到全民普及银行账户，普及率从 2011 年的 88% 提高到 2021 年的 96%。中等收入国家的银行账户普及率从 2011 年的 43% 增长到 2021 年的 70%，低收入国家也从 2011 年的 10% 提升到 2021 年的 24%。

① 数据来自世界银行 Global Findex Database。2021 年数据参见 https://www.worldbank.org/en/publication/globalfindex/Data。银行账户普及率指的是 15 岁以上受访者中，回答拥有银行或者其他金融机构账户的比例。关于其他金融机构的定义参见 https://thedocs.worldbank.org/en/doc/22d13c2efe6497e6e105e3c396a97362-0050062022/original/Findex-2021-Glossary.pdf。

同时，全球有更多的人开始使用基本金融服务。比如，全球信用卡普及率从 2011 年的 15% 增长到 2021 年的 24%。全球借记卡普及率从 2011 年的 31% 增长到 2021 年的 53%。使用正规金融机构贷款服务的成年人比例从 2011 年的 9% 增长到 2021 年的 28%[①]。

除此之外，过去 10 年数字技术在金融领域得到广泛应用，让金融服务变得更加便捷、包容。2017 年，全球范围内，拥有银行账户的成年人中使用手机或者其他设备通过互联网查看账户余额的比例只有 37%。到 2021 年，这个比例提高到 55%，通过电子手段进行支付、转账和购物的比例已经达到了 52%[②]。

但是提高金融服务对低收入人群和弱势人群的覆盖是否真的给这类人群带来了积极正面的影响呢？对于这个问题，目前学术界尚无定论[③]。比如，2016 年的一篇文章介绍了在马拉维（Malawi）开展的一项随机控制实验发现[④]，为当地农民开通银行账户，并将农产品销售获得的收益存入新开通的账户，会促使农民提高储蓄，可以为下一轮种植提供更充分的资金准备和物质投入，因此可以带来更高的农业产出和收入。这项研究说明提高低收入人群银行账户普及率确实可以为他们带来积极的影响。然而，2018 年的另一篇文章介绍马拉维、乌干达

① 数据来自世界银行 Global Findex Database。

② 数据来自世界银行 Global Findex Database。

③ 普惠金融倡导机构 CGAP 梳理了超过 100 项的相关研究，参见 https://www.cgap.org/blog/looking-beyond-average-impact-financial-inclusion。还可以参考（Mader 和 Duvendack, 2019）对文献的梳理。MADER, P., & DUVENDACK, M. Impact of Financial Inclusion in Low- and Middle-income Countries: A Systematic Review of Rviews[J]. Journal of Economic Surveys, 2020.

④ BRUNE, L., GINÉ, X., GOLDBERG, J., & YANG, D. Facilitating Savings for Agriculture: Field Experimental Evidence from Malawi[J]. Economic Development and Cultural Change, 2016,64(2):187-220.

和智利三个国家开展的实验却不支持上面的结论[①]，他们发现是否拥有银行账户对储蓄的影响并不明显；他们认为单纯只强调账户普及率的政策并不一定会增进目标受益群体的福祉。

又如，孟加拉国格莱珉银行的成功实践点燃了大家对小额信贷的热情，让大家看到了一种可持续的金融模式，能够帮助穷人自力更生并实现发展、摆脱贫困。在格莱珉银行创始人穆罕默德·尤努斯获得2006年诺贝尔和平奖之后，小额信贷模式进一步受到追捧。然而，研究发现在有些地区小额贷款并没带来令人期待的“奇迹”。在印度开展的一项随机控制实验发现[②]，提高贫困地区信贷可得性并未改善当地居民在健康、教育和妇女赋能等方面的状况。在埃塞俄比亚[③]和墨西哥[④]开展的实验都发现，小额信贷可得性的提升并没有显著改善主要的经济和社会发展指标。

可见，提高金融服务可得性当然是必要的，但可能还不够。消费者可能因为缺乏金融知识和素养，不知道如何使用金融服务。商业机构也可能打着普惠金融的名号，利用消费者在认知和能力上的弱点，把不合适的产品销售给了消费者。要让金融发挥作用，还有其他决定因素。

即便是在金融服务可得性已经比较高的国家，不少居民也还在为

---

① DUPAS, P., KARLAN, D., ROBINSON, J., & UBFAL, D. Banking the Unbanked? Evidence from Three Countries[J]. American Economic Journal: Applied Economics, 2018,10(2):257-97.

② BANERJEE, A., DUFLO, E., GLENNERSTER, R., & KINNAN, C. The Miracle of Microfinance? Evidence from a Randomized Evaluation[J]. American Economic Journal: Applied Economics, 2015,7(1):22-53.

③ TAROZZI, A., DESAI, J., & JOHNSON, K. The Impacts of Microcredit: Evidence from Ethiopia[J]. American Economic Journal: Applied Economics, 2015,7(1):54-89.

④ ANGELUCCI, M., KARLAN, D., & ZINMAN, J. Microcredit Impacts: Evidence from a Randomized Microcredit Program Placement Experiment by Compartamos Banco[J]. American Economic Journal: Applied Economics, 2015,7(1):151-82.

自身的财务状况苦恼。比如，世界银行 2021 年开展的 Global Findex 发现[①]，在高收入国家受访成年人中，仍然有 40% 的人担心没钱支付每月的日常开支，59% 的人担心没钱养老，53% 的人担心没钱支付突发的医疗支出。Gallup 在 2018 年的一项调研发现[②]，在一些低收入国家，超过一半的受访居民在失去工作以后，储蓄无法维持 1 个月以上的基本生活开支。

实际上，全球范围内，还有许多人面临财务方面的挑战。世界银行 2021 年开展的 Global Findex 发现，不少居民应对财务风险的能力较弱，无法短期内筹集一笔数额不大的资金来应对紧急开支。假设遭遇财务冲击，需要在 1 个月内筹集国民人均收入的 5% 来应对紧急开支，世界银行的数据显示，全球仍有 12% 的居民做不到，29% 的居民可能可以做到但是非常困难，27% 的居民有一定困难。世界银行的调研还显示，全球大部分居民都受到财务问题的困扰。在受访的成年人中，仍然有 64% 的人担心没钱支付每月的日常开支，69% 的人担心没钱养老，74% 的人担心没钱支付突发的医疗支出。

向低收入人群提供金融服务的初衷是希望他们利用金融工具改善生活、增进福祉。可见，提高金融服务可得性只是手段，而不是目的。如果我们的政策导向还停留在发展的初期阶段，主要强调金融服务可得性，特别是贷款的可得性，那么可能已经有些不合时宜。一方面，只强调金融服务可得性的政策不一定能够改善低收入人群的福祉，让金融发挥作用，它还有其他决定因素，如金融认知水平；另一方面，金融服务可得性即便达到了很高的水平，仍然有不少问题，如上文提

① 数据来自世界银行 Global Findex Database。2021 年数据参见 https://www.worldbank.org/en/publication/globalfindex/Data。2021 年数据样本来自 123 个经济体中的约 125000 位成年人。

② 参见 https://news.gallup.com/reports/233399/gallup-global-financial-health-study-2018.aspx。该调查的样本总量超 15000 人（来自 10 个国家）。

到的全球许多人应对财务风险的能力还比较弱。

因此，国际监管界提出，要超越普惠金融，要使用一个更加全面的概念，把其他政策涵盖进来（如金融教育和消费者权益保护）。在新的框架体系下，各类政策举措有一个较为统一和明确的目标。这个目标可以体现居民福祉的提升，并且可观察、可度量，可以用于政策评估。这个概念就是金融健康（financial health 或者 financial well-being）。

二、理解金融健康

金融健康这个概念首次较为正式地提出是来自 CFSI 在 2015 年发布的研究报告和 CFPB 同年公布的相关研究结果[①]。

CFSI 在 2015 年 3 月发布了题目为《理解与改善美国消费者金融健康》（*Understanding and Improving Consumer Financial Health in America*）的研究报告[②]。一直以来，CFSI 关注受到金融排斥的群体，主要包括没有银行账户或者无法从正规金融机构获取所需金融服务的人群。CFSI 认为，只关注金融排斥已经有些过时，应该关注一个更大的群体。在这类群体中，有些人没有银行账户，还有些人虽然有银行账户，但是也无法应对日常开支或紧急开支。CFSI 把这类群体称作“金融不健康人群”。CFSI 调研发现，超过一半的美国人都处于金融不健康状态，并认为通过理解导致金融不健康的决定因素，可以帮助金融机构设计产品，还可以帮助监管机构制定政策。在这份报告里，CFSI 给出了金融健康的定义和度量体系，并使用该体系对美国民众开展了问卷调查，据此来了解美国民众的金融健康状况。

① 参见 https://www.cgap.org/blog/whats-financial-health-got-do-it。

② 参见 https://finhealthnetwork.org/research/consumer-financial-health-study/。

CFPB 是美国在 2008 年金融危机之后成立的监管部门，主要负责两个方面的工作：一是负责与消费者保护相关的零售金融市场监管，二是负责与金融教育相关的工作。CFPB 提出金融健康（使用的英文术语是 financial well-being）这个概念的目的主要是为金融教育项目设立一个可观察、可度量的评价体系[①]，据此来衡量金融教育工作的成效与进展。CFPB 不仅研究推出了一套度量个人金融健康状况的自测问卷，还提出了一个理解金融健康的理论框架。这个理论框架将影响金融健康的决定因素做了一定的分类，并说明了它们之间的逻辑关系。

之后，金融健康这个概念引起了国际社会的兴趣。2016 年，CFSI 联合普惠金融倡导机构 Accion 和咨询公司 Dalberg，在肯尼亚和印度开展调查研究，探索能否在发展中国家推广以金融健康为目标的概念框架[②]。这时，CFSI 已经明确提出要"超越普惠金融"，希望把对金融服务可得性、金融认知水平等政策举措的关注扩展到对金融健康政策效果的关注。与金融健康相关的调查研究也在挪威[③]、澳大利亚[④]、拉丁美洲[⑤]、亚洲[⑥]相继展开。OECD 在 26 个国家和地区开展的金融认知水平的问卷调查包含了一个金融健康问卷模块[⑦]。因为小微企业在创

---

① 参见 https://www.consumerfinance.gov/data-research/research-reports/financial-well-being/。

② 参见 https://www.findevgateway.org/paper/2017/03/beyond-financial-inclusion-financi-al-health-global-framework。

③ 参见 https://www.bristol.ac.uk/media-library/sites/geography/pfrc/pfrc1705-financial-well-being-conceptual-model.pdf。

④ 参见 https://www.commbank.com.au/content/dam/commbank-assets/banking/guidance/2018-06/using-survey-banking-data-to-measure-financial-wellbeing.pdf?ei=what_UniMelbPDF。

⑤ 参见 https://www.findevgateway.org/paper/2021/09/determinants-financial-well-being-evidence-latin-america。

⑥ 参见 https://www.findevgateway.org/paper/2020/12/gig-economy-and-financial-health-snapshot-malaysia-and-china。

⑦ 参见 https://www.findevgateway.org/paper/2021/06/oecdinfe-2020-international-survey-adult-financial-literacy。

造就业、保持市场活力方面有着重要的作用，美联储和FHN分别尝试开展了小微企业金融健康方面的研究工作。

2020年末，荷兰皇后Máxima，作为联合国秘书长任命的普惠金融特别倡导者（United Nation Secretary General's Special Advocate for Inclusive Finance for Development，UNSGSA），召集相关专家设立金融健康工作组，研究并发布政策意见报告[①]，帮助各国政策制定者理解金融健康，为在全球范围内进一步推广金融健康奠定基础。

虽然目前金融健康还没有一个被广泛接受的统一定义，但是参考已有研究，我们认为一个居民或者家庭，金融是否健康，通常考虑三个方面的内容：一是日常；二是应急；三是未来。财务方面的自信心、掌控力和满足感也是影响人们生活幸福感的一个因素，所以也应该纳入政策支持目标，让人们对自己的财务有信心、没压力。基于这个原因，UNSGSA金融健康工作组采用的金融健康定义包含了四个方面的内容，除了上文提到的"每一天""下雨天""有一天"三个方面，还有财务信心。

CFPB在2015年提出的金融健康定义包括四个方面：一是能否掌控自己的财务。比如，能否按时支付日常开支？债务水平是否可控？二是能否抵御财务风险。比如，在应对紧急开支时，是否有充足的储蓄？三是能否实现长期的财务目标；比如，能否在退休前存下足够多的钱养老？四是能否有条件过上向往的生活。比如，是否有条件少加班多陪陪家人？是否有条件暂时离开职场返回学校继续深造？

CFSI（FHN的前身）在2015年提出的金融健康定义包括三个方面：一是之前已经提到的日常开支管理；二是之前也提到的财务韧性，

① 参见 https://www.unsgsa.org/publications/financial-health-introduction-financial-sector-policymakers。

也就是应对财务风险的能力；三是抓住机会实现财务安全和掌控力的能力。

可以发现，CFPB、CFSI 与 UNSGSA 金融健康工作组采用的金融健康定义略有不同，但是大体上是一致的。UNCDF 在 2021 年发布的一份金融健康白皮书中系统地梳理了一些主流的金融健康定义①，并在这项工作的基础上给出了它们的定义。UNCDF 的金融健康定义也是包括四个方面，与 UNSGSA 金融健康工作组采用的定义基本一样。

综合来看，我们认为金融健康作为一个概念体系，有三层意思。第一，金融健康暗含了以金融消费者为中心的理念。普惠金融、金融教育等政策举措是手段，而不是目标，目标是帮助居民获得健康的财务状态，增进福祉。第二，金融健康作为一套可观察、可度量的指标体系，可以辅助政策制定。第三，金融健康还是一个目标明确的政策框架体系。虽然普惠金融、金融教育、消费者保护等政策举措侧重的角度有所不同，但是它们指向同一个目标——居民的金融健康。

（一）以金融消费者为中心的理念

在金融健康这个概念背后，最为主要的政策思路是以效果为导向。也就是说，无论是提高金融服务可得性，还是提升居民金融认知水平，要产生效果，而这个效果指的是对金融消费者产生积极的影响。我们在推动普惠金融发展时，可能把问题简单化了，用贷款增速作为发展目标。对于不同个体在不同时期，贷款可能并不是消费者需要的金融服务。一味地追求贷款增速，可能违背了发展普惠金融的政策初衷，适得其反，对消费者产生不利的影响。可见，金融健康包括以金融消

① 参见 https://www.findevgateway.org/paper/2021/07/delivering-financial-health-globally-collection-insights-approaches-and。

费者为中心的理念。

CFPB 就明确提出，金融教育的目标是改善居民金融健康状态。荷兰皇后 Máxima 在 UNSGSA 金融健康工作组发布的政策报告中指出，成立金融健康工作组的目的就是要让各国普惠金融政策的制定者利用金融健康这个视角，关注政策效果。

（二）以数据为基础的政策制定辅助工具

金融健康不仅是一个抽象的概念，还是一套具体、直观、容易理解的度量指标体系。通过问卷调查，收集与居民金融健康状态相关的数据，为相关政策制定、实施和评估提供决策基础。CFPB 之所以研究推出个人金融健康自测问卷，是因为美国国会认为金融教育项目缺乏以数据为基础的政策评估，从而难以总结经验、难以归纳好的做法。因此，CFPB 设计了共计 10 个题目的金融健康问卷[①]，以此为基础构建了消费者金融健康得分，用来衡量消费者个人的金融健康水平，并分析影响消费者金融健康的决定因素。CFPB 开展的相关研究为金融教育工作提升效果提供了一些有价值的建议。比如，CFPB 研究发现，提升金融健康，消费者是否掌握必要的金融知识固然重要，但更为重要的是消费者是否具备运用知识的能力。因此，CFPB 认为金融教育不仅要普及知识，更为重要的是要提升消费者的金融能力。CFPB 提出，金融能力包括三个方面的内容：一是寻找信息的能力，比如，在做财务决定之前，消费者知道从哪些渠道可以获得有用的信息或者建议；二是处理信息的能力，比如，在选择购车按揭贷款时，消费者能够通过比较、筛选、甄别找到与自己预算相配的贷款产品；三是执行能力，比如，消费者在制订了零存整取的储蓄计划之后，能够付诸行动并持

---

① 自测问卷可以参见 https://www.consumerfinance.gov/consumer-tools/finan cial-well-being/。

之以恒，坚持执行计划。为了度量消费者的金融能力，CFPB 开发了基于问卷调查的金融能力测评方法。

金融健康指标还为了解宏观经济环境提供一个微观视角。从 2013 年开始，美联储每年开展一次家庭经济和决策调查（Survey of Household Economics and Decision-making，SHED），用来了解美国家庭的经济状况并识别潜在的财务风险。该调查包括与金融健康相关的一系列主题模块，包括借贷、储蓄、退休、经济脆弱性等。美联储在 2020 年 7 月的调研中发现，美国家庭在应付日常开支与紧急开支方面已经达到了新冠肺炎疫情前的水平。这说明，自 2020 年新冠肺炎疫情暴发以来，美国政府采取的财政救助政策，在一定程度上缓解了美国民众因为失去收入而面临的困难 。虽然 2020 年 4 月美国失业率高达 14.7%①，失业人数高达 2304 万人②，美联储在 2020 年 7 月的调研中发现③，85% 的受访者反映可以支付当月的所有日常开支（2019 年 10 月调研时，84% 的受访者反映可以支付当月的日常开支），70% 的受访者反映可以支付 400 美元的紧急开支（2019 年 10 月调研时，63% 的受访者可以支付 400 美元的紧急开支）。

（三）目标明确的政策框架体系

金融健康作为政策目标，把普惠金融、金融教育、消费者权益保护等相关政策纳入一个统一的框架。那么，摆在我们面前的问题是如何利用这些政策手段来改善居民的金融健康状态。这就需要理解影响金融健康的决定因素有哪些，再通过政策去影响这些决定因素。

① 参见 https://fred.stlouisfed.org/series/UNRATE。

② 参见 https://fred.stlouisfed.org/series/UNEMPLOY。

③ 参见 https://www.federalreserve.gov/publications/report-economic-well-being-us-hous-ehol ds.htm。2020 年 7 月的调研样本量为 4000 多人，2019 年 10 月调研的样本量为 12000 多人。

UNSGSA 金融健康工作组发布的政策报告指出影响金融健康的因素有四类：收入情况、风险暴露情况、个人习惯与素养、金融服务可得性。金融是否健康是多种因素综合影响产生的结果。这其中有一些因素与个人收入、支出习惯有关，有一些因素与宏观、政策环境相关。

基于上面的框架，UNSGSA 金融健康工作组发布的政策报告认为与金融健康息息相关的政策监管有以下四类：（1）普惠金融与金融消费者保护；（2）金融教育与能力建设；（3）就业、医疗、养老等社会保障制度；（4）宏观经济、金融与财政政策。

为了更好地开展金融教育工作，CFPB 提出一个理论框架，用来理解金融知识、能力、行为和金融健康之间的逻辑关系。CFPB 认为，一个人掌握的金融知识和能力将会直接影响这个人作出的金融行为，而金融行为会直接影响这个人的金融健康水平。CFPB 认为，有四类行为有利于提升金融健康。一是有效的日常财务管理行为。比如，良好的储蓄习惯。二是研究和获取信息与建议的行为。比如，消费时，货比三家；投资时，寻求专业建议。三是规划和设定目标的行为。比如，有制定收支预算的习惯，大额花销提前规划。四是坚持执行计划的行为。比如，消费者在制订了零存整取的储蓄计划之后，能够付诸行动，坚持执行。消费者能够作出以上行为，除了与个性、态度、作出决定的情景有关，还与消费者掌握的金融知识和能力有关。

三、2008 年国际金融危机引发的反思：金融为谁

2008 年 9 月 15 日，美国投资银行百年老店——雷曼兄弟公司（Lehman Brothers），负债为 6190 亿美元[①]，申请破产保护；次日，

① 参见 https://corporatefinanceinstitute.com/resources/knowledge/finance/lehman-brothe-rs/。

保险巨头美国国际集团（American International Group，AIG）濒临破产，情急之际获得美联储850亿美元救助，因此幸免。雷曼兄弟公司、AIG及当年早些时间以“跳楼价”出售给摩根大通公司的贝尔斯登公司（Bear Stearns）[①]陷入困境，都与一些复杂的金融创新工具有关。比如，住房按揭贷款支持证券（Mortgage-backed Securities，MBS）、抵押债务凭证（Collateralized Debt Obligation，CDO）、信用违约互换（Credit Default Swap，CDS）。因为大量持有这类证券的华尔街顶流机构，在美国房地产市场泡沫逐步破灭的背景下，陷入了危机。

发生在美国的金融市场震荡很快波及全球。影响深远的全球大衰退由此拉开序幕。这次经济波动是美国自第二次世界大战以来振幅最大、持续时间最长的衰退。2007年12月至2009年6月，美国实际GDP下降3.8%[②]，就业人数减少700万人[③]，失业率从5%上升到9.5%[④]。直到2014年5月，美国就业人数才恢复到2007年12月的水平；直到2018年，美国实际GDP才恢复到潜在水平[⑤]。全球主要经济体无一幸免。2008年第一季度至2009年第二季度，英国实际GDP下跌将近6%[⑥]，直到2013年第二季度才回到2008年第一季度的水平。2008年2月，欧盟国家失业率为6.8%[⑦]，2010年2月上升到9.7%，2013年2月再度攀升到11%。2008年第一季度至2009年第一季度，日本实际GDP下挫接近9%[⑧]，直到2013年第三季度才回到2008年第

① 参见 https://www.npr.org/templates/story/story.php?storyId=88405777。
② 参见 https://fred.stlouisfed.org/series/GDPC1。
③ 参见 https://fred.stlouisfed.org/series/PAYEMS。
④ 参见 https://fred.stlouisfed.org/series/UNRATE。
⑤ 参见 https://fred.stlouisfed.org/series/GDPPOT。
⑥ 参见 https://fred.stlouisfed.org/series/CLVMNACSCAB1GQUK。
⑦ 参见 https://fred.stlouisfed.org/series/LRHUTTTTEUM156S。
⑧ 参见 https://fred.stlouisfed.org/series/JPNRGDPEXP。

一季度的水平。

10 多年以后，我们再次回顾这段历史，发现它不仅是一场金融海啸和一轮经济波动，还是一次认识冲击。它引发了金融监管和学术界对以往认识的反思。

那些被誉为“专业投资者”的华尔街顶流机构为什么没有能够管理好自身的投资风险？在这场金融危机发生之前，美国金融监管对待复杂金融工具的主导思想是“少干预”——运用复杂工具的金融机构足够专业，可以做好风险管理。然而，倒下的百年投资银行雷曼兄弟公司，濒临破产的保险巨头 AIG，不仅没有管理好自身的风险，由于它们的失误还引发了系统性的风险。在危机之前，AIG 一方面通过出售信用违约互换 CDS 做多房地产市场；另一方面将证券借贷交易中获得的现金投资于住房按揭贷款支持证券（MBS），进一步做多房地产[①]。这样的风险管理，令人出乎意料。

自 20 世纪 80 年代中期以来，美国经济经历了 20 多年的平稳增长阶段，经济波动频次和程度大幅下降。在 2008 年国际金融危机发生之前，经济学家自信满满地宣称美国经济已经进入了所谓的“大平稳”阶段（the Great Moderation）。美国政策监管也对自身的能力充满信心。2004 年，时任美联储理事的伯南克认为，美国之所以在 20 世纪 80 年代中期以后经济波动更加缓和，美联储的货币政策功不可没[②]。那么，人们不禁要问 20 多年的“大平稳”怎么会演变成“大衰退”？

凡此种种的出乎意外，引人深思。下面，我们讨论与金融健康概念相关的一些反思。这些思考的角度有所不同，但都涉及一个比较根本的问题：金融为谁？

---

① SJOSTROM JR, W. K. The AIG Bailout[J]. Wash. & Lee L. Rev., 2009(66):943.

② 参见 https://www.federalreserve.gov/boarddocs/speeches/2004/20040220/。

（一）贷款增速是一个应该追求的目标吗

提高金融服务的可得性和包容性很有必要，特别是对低收入人群的覆盖，但是不是所有低收入家庭都需要贷款？低收入家庭债务增加以后，如果负担不起，债务对增进他们的福祉是有益还是不利？将普惠型贷款增速设定为发展目标，可能在一定的经济社会条件下，在一段历史时期内，可以发挥积极作用。当家庭部门债务已经达到比较高的水平，它还是一个应该追求的目标吗？如果不合适了，什么才是应该追求的目标？

美国政治家把拥有房产描绘成“美国梦”的一部分。1995 年 5 月，美国政府推出了一项国家战略，宣称要在 20 世纪结束时将美国家庭住房拥有率（homeownership rate）提高到历史最高水平。随后，美国政府在 2003 年签署了《美国梦首付法案》（*American Dream Downpayment Act*）[①]。时任美国总统布什在该法案签署仪式上说，有一套房应该成为每一位努力工作的美国人都可以实现的梦想，为了帮助低收入家庭实现这个梦想，政府每年将拿出 2 亿美元，帮助他们解决在支付首付时遇到的困难。

在这样的政策环境下，美国家庭住房拥有率获得了显著的提升[②]，从 1995 年的 65% 增长到 2005 年的 68.8%。少数族裔家庭住房拥有率的提升更为显著。比如，亚裔家庭住房拥有率从 1995 年的 53.2% 增长到 2005 的 61.1%，拉丁裔家庭住房拥有率从 1995 年的 41.8% 增长到 2005 年的 49.4%。

---

① 参见 https://georgewbush-whitehouse.archives.gov/news/releases/2003/12/20031216-9.html。

② 住房拥有率是指在有人居住的住房中拥有该住房的比例。数据来源：GOODMAN, L. S., & MAYER, C. Homeownership and the American Dream[J]. Journal of Economic Perspectives, 2018, 32(1):31-58.

1995—2005 年，美国家庭住房拥有率的提高离不开宽松的住房按揭贷款环境。这不仅包括较低的按揭贷款利率和首付比率，还包括贷款机构的下沉，提高了对信用资质较差人群的覆盖。产生的结果是美国家庭部门债务快速上升。1995 年，家庭部门房屋按揭贷款余额占可支配收入的比例①不到 60%，2007 年增长到将近 100%。2007 年末，家庭部门房屋按揭贷款余额已经超过 10 万亿美元，美国 2007 年名义 GDP 大约为 14.5 万亿美元。

当时，美国住房按揭贷款的宽松程度可以说已经到了荒唐的地步。一位名叫 Chris Donohue 的年轻人②，在金融危机发生之前，从一家小银行获得了一笔 46.5 万美元的住房按揭贷款，当时他刚毕业两个月，每年收入大概 4 万美元。住房按揭贷款余额是他年收入的 10 倍。假设他获得的贷款是 30 年固定利率，利率按照 5% 计算，如果还款方式是等额本息，他每月的月供预测为 2496 美元，一年房贷还款接近 3 万美元，占他年收入的 75%。

最疯狂的贷款机构之一非美国康特里怀特金融公司（Countrywide）莫属。Countrywide 在 2004 年共发放了 3630 亿美元的住房按揭贷款③，超越富国银行（Wells Fargo）成为全美最大的房贷发放机构④。据一位员工透露，按照 Countrywide 的信贷审批标准，几乎任何人都

---

① 数据来自美联储家庭部门资产负债统计，参见 https://www.federalreserve.gov/rele ases/z1/dataviz/z1/balance_sheet/table/。

② 参见 https://www.npr.org/2009/02/09/100441670/foreclosure-protesters-target-executiv-es-ho mes。

③ 数据来自 Countrywide 金融公司 2007 年报，参见 https://sec.report/Document/0001047469-08-002104/#da71801_loan_production。

④ Countrywide 超越富国银行成为第一大房贷发放机构的事实来自纽约客杂志文章“Angelo’s Ashes—The Man Who Became the Face of the Financial Crisis”，参见 https://www.newyorker.com/magazine/2009/06/29/angelos-ashes。

可以借到款[①]。Countrywide 的联合创始人、首席执行官安吉罗·莫兹罗（Angelo Mozilo）似乎有着发展普惠金融的使命初心。他曾对另一位创始人说，住房按揭贷款不仅是一种贷款，还是改善人们生活的工具，Countrywide 应该降低门槛，为少数族裔提供住房贷款，这不仅是情怀，还会是一门赚钱的生意。2003 年莫兹罗在哈佛大学的演讲表达了类似的观点[②]。他说，与白种人相比，低收入人群和少数族裔家庭的住房拥有率还非常低，这类群体的贷款需求很大，很有潜力。在“使命初心”和雄心壮志的驱使下，Countrywide 疯狂扩张，为了扩大市场份额，采取激进的销售策略，这其中有一些行为涉及欺诈诱骗金融消费者。比如，Countrywide 在借款人不知情的情况下夸大借款人收入状况，让那些原本无法获得贷款的人，获得了实际上负担不起的贷款。这难道是发展普惠金融的使命初心吗？

原本还不起房贷的人，借款买了房，违约似乎是迟早的事。房地产的“狂欢盛宴”还在继续，暂时供房贷有点吃力没有关系，只要房价还在涨，后面可以通过转贷款（refinance）降低月供。潮水总要退去，裸泳的逐渐浮出水面，大面积违约随之将至。还不起房贷只能出售房产抵押，清算债务。家庭部门资产负债表因此受损，居民只能减少消费。住宿餐饮等行业的经营由此受到影响，相关行业失业率增加，居民收入减少，房地产市场走弱，进一步推升房贷违约率。恶性循环，一路向下。2009 年末，有报道称[③]，美国每 4 个家庭中就有 1 个家庭拥有的住房市值低于负担的按揭贷款债务，他们很有可能选择出售房产，清算债务。

---

① 2008 年伊利诺伊州检察长对 Countrywide 提起诉讼，参见 https://illin-oisat-torneygeneral.gov/pressroom/2008_06/20080625.html。

② 参见 https://www.jchs.harvard.edu/calendar/john-t-dunlop-lecture。

③ 参见 https://www.npr.org/sections/thetwo-way/2009/11/one_in_four_us_homes_under-wate.html。

（二）重新审视金融消费者保护：从微观到宏观

我们通常用一个微观视角去考虑金融消费者保护、金融教育和零售金融市场监管等相关工作。然而，2008 年国际金融危机让一部分政策制定者和经济学家在认识上发生了转变，他们认为应该把金融消费者保护提升到维护宏观经济稳定和防范系统性金融风险的高度来对待。

美国经济学家艾伦·布林德（Alan S. Blinder）在总结 2008 年国际金融危机的教训时提到[④]，我们知道金融市场总有些“坏人”，专门物色容易上当的“傻白甜”，通过欺诈、诱骗等手段获取暴利。我们也知道防范金融欺诈需要监管。在 2008 年国际金融危机之前，我们大多数人都认为这些违法违规行为微不足道，我们不曾想这些行为会影响宏观经济。但是，我们错了。贷款机构向原本买不起房、还不起贷款的家庭发放按揭贷款，助推了房地产市场泡沫的产生。华尔街又在评级公司的协助下把这些危险的次级贷款打包成了“优质”的证券化资产，出售给了投资者。当潮水退去，泡沫破灭，整个经济受到波及。这又有谁曾想到过？

布林德进一步提到，如果不是因为民众缺乏金融知识和素养，不法金融机构也很难有可乘之机实施欺诈和诱骗。有些人因为不理解复利、摊销和浮动利率按揭贷款中的利率重设，很容易被诱导接受实际上负担不起的按揭贷款。这场金融危机让大家明白，金融素养不足会带来切实的伤害。

布林德的观点有一定的代表性。那么，金融欺诈（fraud）是如何让美国金融市场引发系统性震荡的呢？又是如何让美国经济陷入第二次世界大战以来最严重衰退的呢？在危机发生之前，美国逐步形成了

④ 参见 https://spia.princeton.edu/system/files/research/documents/Blinder_What_Did_We_Learn_from_the_Financial_Crisis_the_Great_Recession_and_the_Pathetic_Recovery.pdf。

一条房贷生产链条。在链条最前端的是银行和其他非银行贷款机构，它们向居民发放住房按揭贷款，之后再将一部分贷款资产出让给资产支持证券发行商，如有着政府背书的房利美（Fannie Mae）和房地美（Freddie Mac）。住房按揭贷款再经打包、分层、评级和证券化以后，出售给机构投资者。在这样的房贷生产体系下，按揭贷款支持证券存量快速上升。2007 年末，按揭贷款支持证券存量超过 9 万亿美元[①]，大约是 1995 年的 3.9 倍。2007 年末，按揭贷款支持证券存量占美国全部固定收益资产存量的 31%，1995 年占比仅为 22%。

这个房贷生产体系有个突出的问题：在生产链条最前端的贷款机构似乎并不关心借款人能否偿还贷款。在房地产泡沫破灭之前，只要华尔街的机构投资者仍然保有胃口，愿意继续购买住房按揭贷款支持证券，贷款机构就只管扩张，不停地授信、放贷，再将贷款资产转让出去。然而违约风险较高的贷款就像一枚定时炸弹，随时可能引爆。

摩根大通公司的一位内部员工披露某些住房按揭贷款支持证券资产池中 40% 的贷款借款人收入状况存在虚报[②]。2011 年，美联储对富国银行处以 8500 万美元的罚款[③]，指控富国银行在 2004—2008 年开展住房按揭贷款业务中，违规修改和伪造借款人收入材料，夸大借款人收入情况，让本不该获得贷款的人获得了贷款。

2008 年伊利诺伊州检察长对 Countrywide 提起诉讼[④]。这份诉状揭示 Countrywide 为了扩大市场份额、快速增加贷款发放量，降低授信标准，夸大借款人收入情况，让那些根据真实收入状况无法获得贷

① 参见 https://www.sifma.org/resources/research/fixed-income-chart/。

② 参见 https://www.rollingstone.com/politics/politics-news/the-9-billion-witness-meet-jpmorgan-chases-worst-nightmare-242414/。

③ 参见 https://www.federalreserve.gov/newsevents/pressreleases/enforcement20110720a.htm。

④ 参见 https://ag.state.il.us/pressroom/2008_06/countrywide_complaint.pdf。

款的人，通过“少文件”（low doc）贷款，获得了实际上可能负担不起的贷款。在申请“少文件”贷款时，借款人不需要提供收入证明材料，贷款人也不会去核实借款人自行填写的收入情况。有时候，Countrywide 的销售人员即便是获得了借款人的真实收入材料，如果发现根据真实收入情况，贷款不会通过审批，就将贷款申请换成“少文件”贷款，并在申请中夸大借款人的收入情况。这样的操作，通常借款人并不知晓，不知道自己实际上获得的是“少文件”贷款，也没有意识到自己可能还不上贷款。然而，对于 Countrywide 而言，发放“少文件”贷款简单快速，可以提高贷款生产速率。借款人是否有能力偿还贷款不是 Countrywide 关心的，Countrywide 关心的是以更快的速度发放更多的贷款。这些违约风险较高的贷款通过资产证券化流入金融体系，就像是一枚定时炸弹。有一项研究发现[①]，在调查的 100 笔“少文件”贷款中，借款人收入情况夸大幅度超过 50% 的贷款接近 60%。有 90% 的贷款，借款人收入情况至少虚增了 5%。

不仅如此，Countrywide 还通过欺骗性的营销手段，诱导消费者选择月供“前低—后高”的产品，对因为后期月供增加导致的支出风险，并未提供妥当的风险提示与信息披露。这类月供“前低—后高”的产品包括好几种。比如，有一种贷款，借款人在还贷款的前几年只需要支付利息，这段时间结束以后再开始偿还本金和利息；有一种固定—浮动混合利率贷款（Hybrid Adjustable Rate Mortgages），借款人在前两年支付的利息按照固定利率计算，通常还有一个优惠，两年结束以后利息按照浮动利率计算，通常会比固定利率高；还有一种结构更加复杂的贷款，付款选项可调利率抵押贷款（Pay-options Adjustable Rate

① 详见伊利诺伊州检察长对 Countrywide 诉讼材料的第 93 段。这项研究来自住房抵押贷款资产研究所。参见 https://ag.state.il.us/pressroom/2008_06/countrywide_complaint.pdf。

Mortgages, Pay-options ARMS），借款人在一定时期内有多种月供方式可供选择，既可以选择一个最低偿还金额只覆盖利息的一部分，也可以选择不还本金只付利息，还可以选择30年或15年摊销的月供方式。

以上三种产品有一个共同的特点：还款前期月供可能非常低，但这段时间结束以后月供陡然上升。如果消费者在选择这类贷款时，就知道后期月供增加导致的支出风险，并且选择这类贷款的原因就是为了缓解前期短暂的资金压力，后期财务状况改善后，完全可以负担增加的月供。在这样的情形下，消费者根据自身情况选择产品，体现了金融的价值。但是，Countrywide 和其雇用的代理机构在宣传和销售这类产品时，有意突出前期较低的月供金额，给消费者造成了一种月供不高的假象，并隐瞒后期月供金额。当消费者质疑贷款条款时，销售人员使用“标准话术”让消费者放心，如果以后无法负担月供可以选择转贷款（refinance）。Countrywide 的一个代理机构曾经在《芝加哥太阳报》刊登了一则广告，声称23.5万美元的贷款月供只需要656.05美元，并未披露这个月供金额只适用还款的第一个月。假设消费者被这类欺骗性的宣传误导，错把第一个月的月供金额当作整个还款周期的月供，选择了原本负担不起的贷款。当他发现真相时，可能为时已晚，因为 Countrywide 附带了一则条款：提前还款需要支付高额的违约金。

具有讽刺意味的是，Countrywide 把这类产品称作“可负担的”产品序列。然而，这类产品的利润率比普通产品高。因此，Countrywide 大力推广此类产品。Pay-option ARMs 占贷款发放量的比重从2004年的3%增长到2005年的21%。这些贷款通过资产证券化流入资本市场，也是一枚定时炸弹。那些原本还不起月供的人，在前期较低月供的引诱之下，借了款买了房，等月供上升，违约风险不言而喻。

2003年，Countrywide 被《财富》杂志称作过去20年股价表现最为优异的金融服务公司，1982—2003 年股票价格增长了 230 倍。2005 年，Countrywide 入选财富杂志最令人仰慕的公司名单。同年，Countrywide 联合创始人、前首席执行官莫兹罗被《巴伦周刊》评选为全球 30 位最佳 CEO 之一。然而，疯狂扩张为 Countrywide 后面跌落神坛埋下了伏笔。问题逐渐浮出水面。2007 年，当次级住房按揭贷款市场违约升级、房市走弱，华尔街的投资机构迅速切断了 Countrywide 的短期融资渠道。Countrywide 濒临破产，无奈之下，2008 年 1 月被美国银行（Bank of America）收购。此后，莫兹罗收到了数以百计的法律诉讼和犯罪调查。

在美国发生的这些情况让政策监管者开始重新审视金融消费者保护。2011 年 11 月，二十国集团首脑会聚法国戛纳，召开了自 2008 年 11 月以来的第六次峰会（G20 Cannes Summit），会议发布的二十国集团共同申明首次把金融消费者保护与金融稳定联系起来[①]，申明指出，二十国集团首脑认为把金融消费保护纳入监管体系有利于提升金融稳定；背书了由 OECD 和金融稳定理事会（FSB）分别负责完成的相关研究工作。OECD 起草了金融消费者保护原则（G20 High-level Principles on Financial Consumer Protection）[②]，为二十国集团成员开展金融消费保护工作提供了纲领性指南。FSB 发布了一份题目为 *Consumer Finance Protection with Particular Focus on Credit* 的研究报告[③]，介绍了二十国集团成员在金融消费保护方面的监管现状，并对未来发展提出了建议。这份报告指出，2008 年国际金融危机向我们展示了不负责的贷款实践所产生的负面影响和风险可以通过证券化工具波及全球，政

① 参见 http://www.g20.utoronto.ca/2011/2011-cannes-declaration-111104-en.html。
② 参见 https://www.oecd.org/finance/high-level-principles-on-financial-consumer-protection.htm。
③ 参见 https://www.fsb.org/wp-content/uploads/r_111026a.pdf。

策监管有必要确保金融产品的使用（或滥用）不会成为金融不稳定的根源。

因此，在 2008 年以后，有些国家加强了金融消费者保护工作。比如，2010 年 6 月美国国会通过金融改革法案——《多德—弗兰克法案》（*Dodd-Frank Wall Street Reform and Consumer Protection Act*）。该法案设立了一个新的联邦政府机构——消费者金融保护局（CFPB），将碎片化的金融消费者保护监管统一到一个机构中，相关工作划归 CFPB 管理。

又如，澳大利亚调整了金融消费者保护监管格局，将监管职责从州政府提升到联邦政府[①]，并在 2009 年颁布了一部全国性的金融消费者保护法案——*National Consumer Credit Protection Act* 2009[②]，由联邦政府机构（Australian Securities and Investments Commission，ASIC）依照这部法案，对相关消费信贷提供机构实施监管。根据这部法案，消费信贷提供商在发放贷款之前需要对借款人的偿还能力、财务状况实施评估。

（三）发展“好金融”的基础是消费者对金融体系的信任

金融危机引发了美国民众对金融体系的信任危机。一项研究[③]在 2008 年 12 月对 1034 户美国家庭的电话调研发现，美国人对银行、银行家、股票市场、政府和大公司的信任程度不如他们对普通人的信任度。受访家庭在被问到最近三个月对这些机构的信任度是否发生了改变时，回复结果显示经历了金融危机之后美国民众对股票市场、银行和政府

① 参见 https://www.aph.gov.au/Parliamentary_Business/Bills_Legislation/bd/bd0910/10bd030。

② 参见 https://www.legislation.gov.au/Details/C2020C00105。

③ SAPIENZA, P., & ZINGALES, L. A Trust Crisis[J]. International Review of Finance, 2012,12(2):123-131.

的信任有显著的下降。

一是信任危机可能因为当时的金融欺诈较为普遍。金融机构在开展业务时，常使用诱导欺骗的手段侵害消费者权益。据一项研究①统计，美国监管在2012年1月至2014年12月对金融机构的处罚合计1380亿美元，其中1130亿美元与住房按揭贷款欺诈有关。

二是信任危机也可能来自人们对“金融为谁”的考问。人们开始思考金融到底对这个社会有用吗？好的时候，金融让华尔街精英们赚得盆满钵满，出现问题了，他们还能获得政府救助。而“我们”这些普通民众犯了什么错，需要遭受失业和变卖房产，经历这场经济大衰退？2008年9月，保险巨头AIG濒临破产，获得了美国政府850亿美元的紧急救助，而AIG负责销售信用违约衍生品的团队在2008年之前的7年平均每年人均报酬超过100万美元②。

三是构建“好金融”的基础是信任。如果广大金融消费者对金融体系缺乏信任，就不愿意参与金融市场，也不接受金融服务，发展普惠共享、包容健康、负责任的好金融就没有了基础。假设农民都觉得保险就是骗人，就不会买保险，就可能失去一个抵御风险的好工具。假设普通民众觉得资本市场不靠谱，就有可能不愿意购买养老理财工具，那么个人养老制度要如何建立呢？

四、对中国的启示

过去我们在讨论普惠金融的时候，主要关注的问题是脆弱人群能否获得基本的金融服务。现在，国际上大家讨论的焦点发生了变化，

① ZINGALES, L. Presidential Address: Does Finance Benefit Society[J]. The Journal of Finance, 2015,70(4):1327-1363.

② Correspondent. Behind Insurer’s Crisis, Blind Eye to a Web of Risk[N]. The New York Times, 2008-09-27.

越来越关注金融服务能否增进人们的福祉。如果说过去我们讨论的是金融服务有没有的问题，那么现在大家讨论的是金融服务好不好的问题[①]。过去，我们更多的是从供给侧思考普惠金融的发展，强调金融服务对脆弱人群的覆盖。现在，大家更加关注需求侧的问题。金融消费者在财务上遇到了什么困境？他们有能力选择恰当的金融产品吗？诸如此类的问题。过去，我们把关注点聚焦在脆弱人群上，也就是那些在使用金融服务时受到排斥的群体。现在，大家讨论的财务韧性、财务担忧，涉及的群体更为广泛。管理日常开支、应对财务风险、投资未来，这些问题不仅对脆弱人群重要，与每个人、每个家庭都息息相关。因为这些关注焦点的转变，金融健康的概念应运而生。

自《推进普惠金融发展规划（2016—2020年）》部署实施以来，中国在金融服务覆盖率、可得性等方面不断提升，“在统筹疫情防控和经济社会发展、助力打赢脱贫攻坚战、补齐民生领域短板等方面发挥了积极作用”[②]。2022年2月，中国政府审议通过了《推进普惠金融高质量发展的实施意见》。该意见强调，“要始终坚持以人民为中心的发展思想，推进普惠金融高质量发展，健全具有高度适应性、竞争力、普惠性的现代金融体系，更好满足人民群众和实体经济多样化的金融需求”[③]。这对普惠金融发展提出了更高要求。

下一阶段，中国普惠金融高质量发展，要关注什么呢？借鉴国际发展经验，我们不仅要关注发展总量，也就是普惠型贷款增速之类的

① 参见中国人民银行金融消费权益保护局副局长尹优平在《中国普惠金融发展报告(2022)》发布会上的讲话。

② 参见时任中国人民银行金融消费权益保护局局长余文建在2022中国普惠金融国际论坛上的讲话。

③ 参见时任中国人民银行金融消费权益保护局局长余文建在2022中国普惠金融国际论坛上的讲话。

数量型指标，更要关注发展质量。我们不仅要关注供给端金融服务的覆盖面和可得性，更要关注需求端每个金融消费者的获得感、幸福感和安全感，也就是关注每一个个体的金融健康[①]。按照时任中国人民银行金融消费权益保护局局长余文建的话：金融健康是普惠金融发展的高级形态，普惠金融高质量发展离不开金融健康。

从国际发展经验来看，商业机构是推动金融健康建设的主力军。一方面，应该在金融行业倡导“负责任金融”理念。从长期来看，金融机构如果没有金融健康的客户群体，可能就没有可持续的业务。上文提到的美国金融公司 Countrywide，采取诱导性的营销手段，让原本负担不起住房贷款的家庭背上了房贷，虽然短期内业务获得了快速的增长，但是“潮水”退去后，问题逐步暴露，最后濒临破产。另一方面，帮助消费者应对财务上的问题，提升他们的金融健康水平，需要创新性的解决方案。参考国际经验，这些解决方案可能是初创公司提供的，也可能是大型商业机构为其员工提供的。

2008 年国际金融危机让我们认识到金融消费者保护和金融教育的重要性。通过金融教育，提升金融消费者的金融素养，从需求侧为消费者追求金融健康赋能。CFPB 为了衡量评估金融教育项目的效果，开发了一套度量消费者金融健康的方法，并通过问卷调查，深入研究了影响消费者金融健康的决定因素，这为优化金融教育项目提升效能奠定了基础。2008 年国际金融危机也让我们认识到有必要强化金融消费者权益保护，提升金融产品披露的透明度、统一性、可比性和通俗性，打击侵害消费者权益的行为。

在政策体系方面，国际上的一个认识是金融教育、金融消费者保

① 参见时任中国人民银行金融消费权益保护局局长余文建在 2022 中国普惠金融国际论坛上的讲话。

护和普惠金融“三位一体”，共同指向金融健康这个目标。无论是强调金融服务覆盖面和可得性的普惠金融，还是强调消费者能力建设的金融教育，抑或是强调行为监管的消费者权益保护，虽然各有侧重，但是它们都有一个相同的目标，就是要提升消费者的金融健康水平。

我们还应该看到金融健康的宏观意义。2008 年国际金融危机让我们认识到家庭金融健康不仅是一个微观问题，如果大部分家庭无法支付房贷，这带来的后果是系统性的，还可能波及整个宏观经济。

第三章　金融健康的度量

帮助个人、家庭和小微企业提升金融健康水平，首先需要建立一套度量金融健康的方法。这其中最大的挑战就在于金融健康状态很难直接观察。从目前国际上已经提出的度量方法来看，主流的思路是通过调查问卷的方式收集数据，再通过问卷数据去推测受访对象的金融健康状态。

金融健康度量的具体表现形式大致有以下三类。第一类表现形式是金融健康得分。比如，美国消费者金融保护局（CFPB）开发的度量方法可以为消费者提供一个金融健康水平的得分。美国金融健康网络（FHN）提出的方法也是如此。金融健康得分既可以用来追踪消费者金融健康状况随时间的变化情况，也可以用来评估金融服务或者是政策干预的效果，还可以进行区域间、国家间的比较。这类指标的问题是缺乏内在含义，如 CFPB 给出的金融健康得分取值范围是 0~100。如果一位消费者的得分值是 58，那么这位消费者是处在金融健康的状态还是不健康的状态？这难以判断。第二类表现形式是离散型的金融健康状态。既可以是“健康”“不健康”两种状态，也可以是多种状态。FHN 采取的办法是根据金融健康得分，将消费者分成“健康”“勉强应对”“脆弱”三种状态。这样就给金融健康得分赋予了内在含义。FHN 给出的金融健康得分取值范围也是 0~100。如果一位消费者的得分是58，在FHN的体系下，这位消费者的金融健康状态属于财务上“勉强应对”。第三类表现形式是多指标面板。根据金融健康定义中的基本要素，分类展示各要素的状态。比如，有些指标反映的是消费者在应对日常开支方面的情况，还有些指标反映的是消费者的财务韧性。多指标面板的展示方式能帮助我们了解消费者金融健康状态的不同方面，但它的劣势是没有提供反映消费者金融健康综合水平的指标。

对于金融机构而言，测量客户金融健康水平可以应用于以下三个方面。

一是首次测评，开启对话。金融机构邀请感兴趣的客户参与填写金融健康测评问卷，不仅可以帮助金融机构收集相关数据，还可以更加全面、客观地了解客户的财务状况，也为金融机构与客户开启相关问题的对话提供了机会。通过测评问卷，围绕客户的财务状况、需求痛点开启对话，是与客户建立联系的一个手段。

二是跟踪进展，维持联系。定期为客户提供金融健康测评，可以了解客户财务状况的变化情况。同时，这也是与客户保持联系的一个抓手。通过定期测评，持续地与客户开展财务相关问题的交流，成为客户可以信任的伙伴，提高黏性。

三是评估服务效果。通过比较客户金融健康水平在服务前后的变化情况，金融机构可以了解提供的服务对客户财务状况产生的影响，有助于金融机构优化服务流程和产品设计。对于商业机构而言，有金融健康的客户才有可持续的业务。

除了金融机构，有意愿提升家庭和企业福祉的政府机构、社会公益组织、雇主、学校和社区都可以通过度量金融健康来提升相关工作的效果。

本章将介绍国际上主流的金融健康度量方法，包括CFPB和FHN

的相关工作。随后，将从中国政策监管部门和商业机构的视角出发，讨论应该如何构建符合中国实际情况的金融健康度量体系，并提供了一些可供参考的国内实践案例。

一、度量方法综述

（一）CFPB 提出的方法

CFPB 认为，金融教育的目标是提升消费者的金融健康水平。评价金融教育项目做得好不好、有没有效果，要看能不能提升消费者的金融健康水平。将这样的想法付诸实践，首先要做的是给出金融健康的定义，并建立相应的度量方法。为了给金融健康下一个明确的定义，CFPB 梳理了相关文献，并采访了 59 位消费者和 30 位金融从业人员，收集了他们对金融健康的理解[①]。在文献研究和访谈的基础上，CFPB 将初步结论和想法发给了相关专家，咨询意见。在综合了专家的反馈意见之后，CFPB 最终给出了金融健康的定义[②]。消费者是否金融健康，主要看四个方面的内容：一是能否掌控自己的财务，如能否按时支付日常开支；二是能否抵御财务风险，如在应对紧急开支时，是否有充足的储蓄；三是能否实现长期的财务目标，如能否在退休前存下足够多的钱养老；四是能否有条件过上向往的生活，如是否有条件少加班多陪家人。

有了定义以后，下一步是将概念性的定义转化成具体的度量工具。在文献研究、访谈和专家意见的基础上，CFPB 设计了一套消费者金融

① 参见 https://www.consumerfinance.gov/data-research/research-reports/financial-well-being-technical-report/。

② 参见 https://www.consumerfinance.gov/data-research/research-reports/financial-well-being-technical-report/。

健康问卷，通过多轮测试、筛选和验证，最终的调查问卷包括 10 个问题（见表 3-1）。

表 3-1　消费者金融健康调查问卷

调查问卷问题	回复选项
该陈述对您或您的情况的描述有多准确？ 1. 我可以处理一笔大额的意外开支。 2. 我能掌控我的财务未来。 3. 因为我的财务状况，我觉得我永远也不会拥有我想要的生活。 4. 由于我管理财务的方式，我可以享受生活。 5. 我在财务上只是过得去。 6. 我担心我现在有的钱和我将来会存下的钱不会持续下去。	· 完全地 · 很好 · 差不多 · 不好 · 完全不
该情形是否经常发生在您身上？ 7. 为婚礼、生日或其他场合送礼会给我当月的财务造成很大压力。 8. 月底我有余钱。 9. 我的财务状况落后了。 10. 我的财务状况控制着我的生活。	· 总是 · 经常 · 有时 · 偶尔 · 从不

通过调查问卷收集数据以后，下一步是将消费者的问卷回复转化成消费者的金融健康得分。这项技术性工作的基本假设是消费者的金融健康状态是不可观测的潜在变量。我们可以观测到的是消费者在问卷上的回复。我们需要通过消费者的问卷回复去估计消费者的金融健康状态。CFPB 采用了心理测量学（Psychometrics）中常用的方法——项目回应模型（Item Response Model）[①]，去估计消费者的金融健康状态。该模型给出的估计再调整到 0~100 的取值范围，就是 CFPB 给出的消费者金融健康得分。

因为有些人对项目回应模型不了解，为了方便使用，CFPB 提供了一个简便的金融健康得分测算方法。第一步，根据表 3-2 提供的测

① 参见 https://www.consumerfinance.gov/data-research/research-reports/financial-well-being-technical-report/。

算表格，得出每道问卷题目的得分，再加总求和，得到问卷总分。第二步，根据 CFPB 提供的换算表格将问卷总分转化成金融健康得分[①]。

表 3–2　消费者金融健康调查问卷题目分值表

该陈述对我的准确描述	完全地	很好	差不多	不好	完全不	回复得分
1. 我可以处理一笔大额的意外开支。	4	3	2	1	0	
2. 我能掌控我的财务未来。	4	3	2	1	0	
3. 因为我的财务状况，我觉得我永远也不会拥有我想要的生活。	0	1	2	3	4	
4. 由于我管理财务的方式，我可以享受生活。	4	3	2	1	0	
5. 我在财务上只是过得去。	0	1	2	3	4	
6. 我担心我现在有的钱和我将来会存下的钱不会持续下去。	0	1	2	3	4	
第一部分回复　总得分：						
该描述是否经常发生在我身上	**总是**	**经常**	**有时**	**偶尔**	**从不**	**回复得分**
7. 为婚礼、生日或其他场合送礼会给我当月的财务造成很大压力。	0	1	2	3	4	
8. 月底我有余钱。	4	3	2	1	0	
9. 我的财务状况落后了。	0	1	2	3	4	
10. 我的财务状况控制着我的生活。	0	1	2	3	4	
第二部分回复　总得分：						
问卷回复总得分：						

为了验证金融健康得分确实反映了消费者真实的金融健康状态，CFPB 考察了金融健康得分与其他指标之间的相关性。比如，CFPB 发现消费者的金融健康得分与消费者对问题“您如何评价您当前的财务状况？”的回复正相关。还发现金融健康得分与一些常用的财务韧性

① 参见 https://www.consumerfinance.gov/data-research/research-reports/financial-well-being-scale/。

指标正相关，比如，消费者对问题“储蓄是否能够覆盖3个月的开支？”以及问题“是否有信心30天内筹集2000美元？”的回复。

使用上面介绍的方法，CFPB在2016年10—12月开展了全国性的问卷调研，获得了6394份回复。基于这些数据，CFPB得到下面一些发现（见图3-1）[①]。

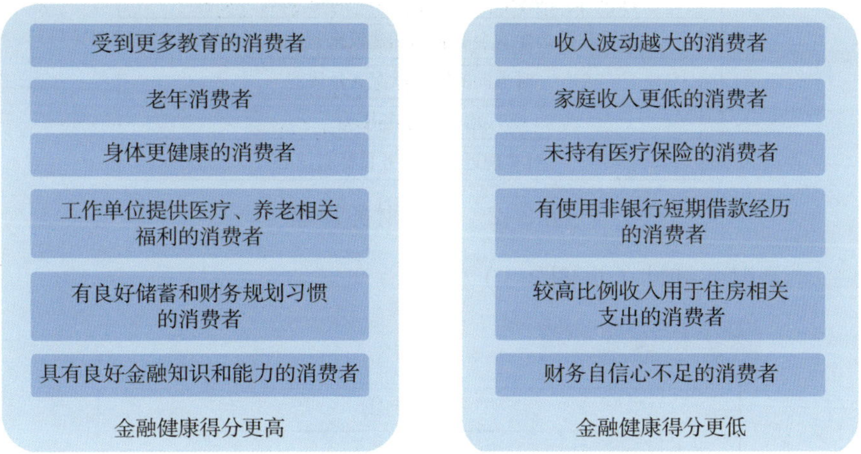

图3–1　通过问卷调研数据得出的结论

CFPB提出的度量方法为推动金融健康概念的发展奠定了基础，为其他国家构建金融健康度量体系提供了一个范例。

（二）FHN提出的方法

FHN的前身是CFSI。CFSI在2015年提出的金融健康定义包含三个要素：一是日常财务管理；二是财务韧性；三是抓住机会实现财务安全和掌控力的能力。在这个概念框架体系下，CFSI结合专家意见设计了24项指标来度量消费者的金融健康。这24项指标分成三个部分。

一是日常财务管理（见图3-2）。

① 参见https://www.consumerfinance.gov/data-research/research-reports/financial-well-being-america/。

日常财务管理

- 收入能够覆盖支出
- 能够按时支付日常开支，避免缴纳逾期付款违约金
- 能够支付贷款还款
- 合理的偿债收入比
- 了解自己的财务状况
- 大额、非常规性支出，提前规划
- 能够获得必要的金融产品和建议来管理自己的财务
- 对当前的财务状况表示满意
- 恰当的财务压力
- 对实现近期的财务目标有信心

图 3-2　日常财务管理

二是财务韧性（见图 3-3）。

财务韧性

- 能存到钱
- 有购买财产、人寿、医疗等保险产品
- 有多元化的财务安全网，包括有应对紧急开支的储蓄、能够获得信贷支持或者亲戚朋友的援助
- 能够走出财务困境
- 感觉能够掌控自己的财务状况

图 3-3　财务韧性

三是抓住机会实现财务安全和掌控力的能力（见图 3-4）。

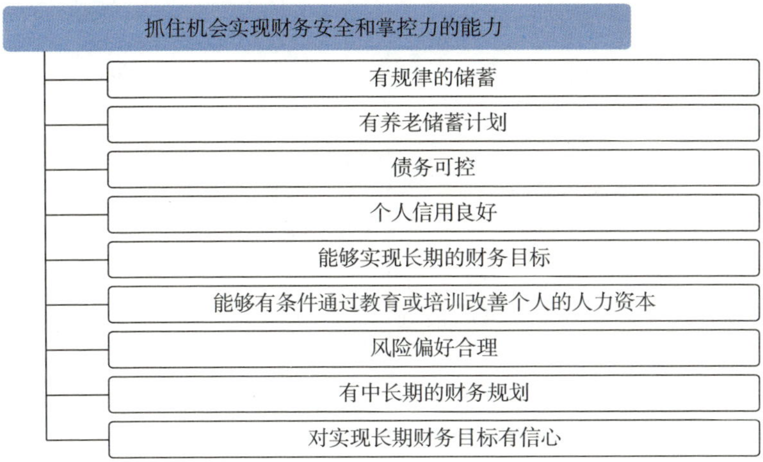

图 3–4　抓住机会实现财务安全和掌控力的能力

基于这个指标体系，CFSI 设计了一套调查问卷，并在 2014 年 6—8 月在美国开展了问卷调查，共收集到了 7152 份回复。根据这些数据，CFSI 利用分层分析将受访消费者分成了三大类：“健康”“勉强应对”“脆弱”。这项研究发现[①]，超过一半以上的美国人表现出金融不健康。

经过多年积累和发展，FHN 目前采用的度量方法更为简便。首先，FHN 将金融健康指标分成四大类，分别是“支付”“储蓄”“借贷”“规划”。每一类只有 2 项指标，共 8 道问题（见表 3-3）。

表 3–3　将问卷问题按金融健康指标分类

支　付	储　蓄
1. 以下哪个选项最能描述您家庭最近 12 个月的总收入与总支出的情况？	3. 在维持当前的支出水平，即不提前提取养老账户中的钱，也不借款的前提下，您和您的家庭可以维持几个月的开销？

① 参见 https://finhealthnetwork.org/research/consumer-financial-health-study/。

续表

支　　付	储　　蓄
·支出远少于收入（100 分） ·支出比收入少一点（75 分） ·支出和收入基本持平（50 分） ·支出比收入多一点（25 分） ·支出远多于收入（0 分）	·6 个月及以上（100 分） ·3~5 个月（75 分） ·1~2 个月（50 分） ·1~3 周（25 分） ·少于 1 周（0 分）
2. 以下哪个选项最能描述您家庭最近 12 个月支付日常开支的情况？	4. 基于您家庭目前的处境，对于实现长期财务目标，您有多少信心？
·所有开支按时支付（100 分） ·几乎所有开支按时支付（75 分） ·大部分开支按时支付（50 分） ·有些开支按时支付（25 分） ·几乎没有开支按时支付（0 分）	·非常有信心（100 分） ·有信心（75 分） ·稍微有点信心（50 分） ·信心不足（25 分） ·完全没有信心（0 分）
借　　贷	**规　　划**
5. 以下哪个选项最能描述您家庭当前的债务可控情况？	7. 对您和您家庭持有的保险产品，您有多少信心，这些保险能够在紧急时刻提供必要的保障吗？
·没有债务（100 分） ·债务可控（85 分） ·债务有些不可控（40 分） ·债务非常不可控（0 分）	·非常有信心（100 分） ·有信心（75 分） ·稍微有点信心（50 分） ·信心不足（25 分） ·完全没有信心（10 分） ·我和我家庭成员没有保险（0 分）
6. 您对自己的信用打多少分？	8. 对下面的陈述，您有多赞成或者不赞成？ “我们家提前制定财务规划。”
·好极了（100 分） ·不错（80 分） ·良好（60 分） ·过得去（40 分） ·差（0 分） ·不知道（0 分）	·非常同意（100 分） ·有些同意（65 分） ·不同意也不反对（35 分） ·有些不同意（15 分） ·非常不同意（0 分）

在 FHN 的问卷中，每道问题的每个回复选项有一个对应的得分。

根据消费者的回复，8 道问题的平均得分即为 FHN 给出的金融健康得分。如果金融健康得分在 80~100 分，认为消费者处于金融健康状态；如果得分在 40~79 分，认为消费者处在财务上勉强应对的状态；如果得分在 0~39 分，认为消费者处于财务脆弱的状态。另外，还可以分别计算消费者在“支付”“储蓄”“借贷”“规划”4 个分项指标上的平均分，即为消费者在金融健康各要素上的得分，展示了消费者在不同方面的情况。为了提供一个比较标准[①]，FHN 指出 2022 年美国人的平均金融健康得分为 65 分，其中在“支付”方面的平均得分为 72 分，“储蓄”方面的平均得分为 59 分，“借贷”方面的平均得分为 69 分，“规划”方面的平均得分为 61 分。FHN 研究发现[②]，2022 年美国人整体金融健康水平出现下滑，是过去 5 年的首次，具体表现为处于金融健康状态的人群比例从 2021 年 34% 下滑至 2022 年的 31%，主要原因是支出的增速超过收入。

（三）小微企业金融健康度量

小微企业在创造就业和保持市场活力方面有着重要的作用。如果金融机构和政府监管部门希望了解小微企业的金融健康水平，就需要先给出一个明确的定义和客观的度量方法。在全球范围内，目前这个领域的探索相对初步。下面我们主要介绍美联储和 FHN 在小微企业金融健康方面做的相关工作。

2013 年美联储芝加哥分行联合美联储旧金山分行社区发展部（Community Development Divisions）共同发起了一项研究，目的是提

① 参见 https://finhealthnetwork.org/tools/financial-health-score/。

② 参见 https://finhealthnetwork.org/research/financial-health-pulse-2022-u-s-trends-report/，FHN 于 2022 年开展的研究样本量为 6595 人，2021 年为 6403 人。

升对美国小微企业金融健康的关注[①]。在此项研究中，小微企业金融健康被定义为“稳定地产生净利润、有办法清偿短期及长期债务、在意外出现的经济下行或波动中持续生存，使用借贷手段和留存收益等扩大生产”的程度。通过问卷调查，项目组最终获得了 940 个小微企业主的回复。基于这些数据，经过因子分析和必要的内容筛选，研究团队将调查问卷中原有的 200 多个问题缩减到了最具有代表性的 21 个问题。这 21 个问题可以概括为以下三个方面。

一是小微企业主对各类金融产品的了解程度与知识储备。例如，小微企业主对使用仓单、应收账款、订单及设备租赁等进行融资的了解程度。

二是信贷经历与体验的丰富度。例如，成功申请并获得过银行信贷、商务信用卡及银行的中长期经营贷的经历。

三是财务规划与管理实践的水平。例如，有制定预算的习惯，为生意保留了单独的工资账户的能力。

在此评价体系下，金融健康得分高的小微企业普遍体现为对“找钱”的流程更驾轻就熟。在有需求的时候有更多可供使用的预授信额度，以及有更频繁地检视自己生意现金流的习惯。

美联储研究团队还比较了美国少数族裔小微企业主群体、女性企业主群体与全体小微企业金融健康水平的差异。研究发现，在女性小微企业主所经营的小微企业中，只有 28% 的企业，其金融健康水平能达到所有小微企业健康得分的前 40%。少数族裔小微企业主经营的小微企业则只有 21% 能达到所有小微企业的前 40%。究其原因，在 21

① Small Business Financial Health Analysis, Authors: Craig R. Everett, Pepperdine University, Chinwe Onyeagoro, FundWell, and Alex Davidson. https://www.frbsf.org/community-development/publications/special/small-business-financial-health-analysis/.

个问题中，尽管女性与少数族裔小微企业主对各类金融产品的了解程度与知识储备取得的评分相对较高，但在信贷经历与体验的丰富度，以及财务规划与管理实践水平两个方面，他们的表现逊于其他组别。

2018年，FHN针对小微企业金融健康开展过一项研究。FHN认为，小微企业金融是否健康，主要考虑以下三个方面的内容。

一是财务管理。财务管理包括能否履行财务义务、是否维持充足的现金储备、是否采用了一个全面的财务管理系统。

二是财务规划。财务规划包括是否对重大的商业风险设置了预案、是否对现金流波动设置了预案、是否购买了保险。

三是融资。融资包括能否获得快捷、可负担的信贷服务，债务水平是否可持续，是否具备融资渠道。

基于以上定义，FHN设计了一套指标体系来度量小微企业的金融健康，共三大维度9个分项。在每个维度下，指标有两种类型，一种是基于问卷的调查数据，另一种是基于实际交易的财务数据。财务数据的优势是相对客观，可以定期更新跟踪进展；问卷数据的优势是针对无法获得财务数据的小微企业，可以通过简单的问卷获取相关信息。

比如，在财务管理方面，FHN设计了一个指标系列用来反映小微企业在履行财务义务方面的情况，包括三个基于财务数据的指标和一个调查问卷问题。三个财务数据分别是小微企业银行账户或信用卡账户的透支费；逾期支付供应商账款的违约金；税收留置权（tax liens）或判决。调查问卷问题如图3-5所示。

“在过去的一年里，以下哪项陈述最能描述您的企业履行财务义务的情况？财务义务请考虑账单、税收、工资和债务支付。”
（1）所有财务义务都是按时支付的
（2）几乎所有的财务义务都是按时支付的
（3）大部分的财务义务是按时支付的
（4）有些财务义务是按时支付的
（5）几乎没有财务义务是按时支付的

图 3–5　小微企业在履行财务义务方面的调查问卷问题

又如，在财务规划方面，FHN 设计了一个指标系列用来反映小微企业应对现金流波动风险的准备情况，包括两个基于财务数据的指标和两个调查问卷问题。两个财务数据分别是能否完成现金流规划或预算；能否提供一个现金流预算。两个调查问卷问题如图 3-6 所示。

“下面的陈述对您企业的描述有多准确？为了履行财务义务，我知道在什么时间点需要多少现金流入。”
(1) 强烈同意
(2) 有些同意
(3) 有些不同意
(4) 非常不同意

“下面的陈述对您企业的描述有多准确？如果出现现金流缺口，我有计划，知道怎么做。”
(1) 强烈同意
(2) 有些同意
(3) 有些不同意
(4) 非常不同意

图 3–6　小微企业应对现金流波动风险的调查问卷问题

再如，在融资方面，FHN 设计了一个指标系列用来反映小微企业债务方面的情况，包括两个基于财务数据的指标和一个调查问卷问题。两个财务数据分别是杠杆率和偿债覆盖率；调查问卷问题如图 3-7 所示。

“如何描述您企业的债务？包括您个人为企业承担的债务。”

（1）没有债务

（2）债务规模可控

（3）债务过多，规模有些不可控

（4）债务太多，规模不可控

图 3–7 小微企业债务方面情况的调查问卷问题

现有研究对小微经营主体金融健康测量维度的比较如图3-8所示。

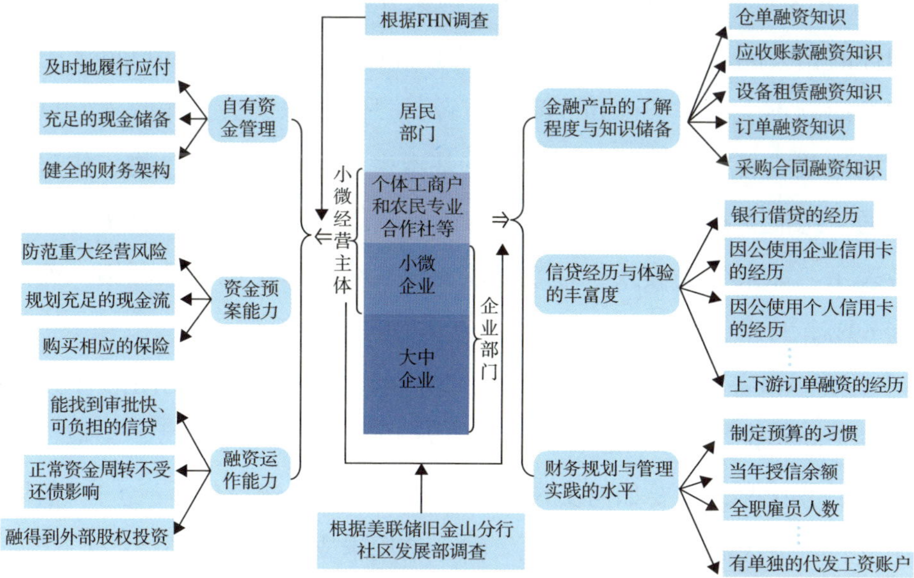

图 3–8 现有研究对小微经营主体金融健康测量维度的比较

（资料来源：CAFI 整理绘制）

（四）其他相关工作

CFPB 和 FHN 开展的度量工作较为全面、持续和系统。相比之下，其他机构可能未明确提出金融健康的概念，但是它们的问卷调查已经涉及了金融健康的相关方面。这其中最为突出的是围绕财务韧性各类机构开展的相关调查研究工作。

比如，世界银行 Global Findex 中的财务韧性指标。世界银行在调查中设计了一个这样的问题：“在未来 30 天内筹集一笔资金（这笔资金是您所在国家人均国民收入的 5%）您有多困难？”2021 年调研结果发现，全球 88% 的受访者回答能够筹集到这笔应急资金，32% 的受访者回答完全不存在困难。世界银行数据的优势在于调查的地理范围广，可以进行国际比较。

2018 年，Gallup 在全球 10 个国家开展的问卷调查也涉及了财务韧性的相关问题。Gallup 采用的问题与世界银行在 Global Findex 中使用的问题不太一样，Gallup 问受访者：“假设您失去工作收入，只能依靠储蓄或者变卖东西生存，维持基本生活需求，比如食物、住房和交通，您能支撑多久？”Gallup 的调研数据显示[1]，美国 63% 的受访者表示，如果失去收入，存款可以支撑 3 个月以上的生活开销，英国为 69%，日本为 68%。

关于财务韧性，美联储开展的家庭经济和决策调查 SHED 中设计的一个问题是：“假设您有一笔金额为 400 美元的紧急开支。根据您现在的财务状况，您要如何支付？”问卷中提供的选择包括：（1）信用卡支付，下次账单一次性还清；（2）信用卡支付，逐步还清；（3）使用目前支票或储蓄账户的钱或者现金支付；（4）使用银行借款支付；（5）通过亲戚朋友的援助支付；（6）使用发薪日贷款（payday loan）、存款预支或透支；（7）变卖东西；（8）我现在无法支付。美联储 2021 年的调研发现[2]，68% 的受访者可以通过现金或者现金等价物来支付 400 美元的紧急开支，与 2020 年相比上升了 4 个百分点。

---

① 参见 https://news.gallup.com/reports/233399/gallup-global-financial-health-study-2018.aspx。

② 参见 https://www.federalreserve.gov/consumerscommunities/shed.htm。2020 年美联储 SHED 调研的样本量超 11000 人，2021 年样本量也超 11000 人。

OECD 在 2020 国际成年人金融素养调查（International Survey of Adult Financial Literacy）中也包含了财务韧性指标[①]。在这份 26 个国家和地区参与的问卷调查中，包含这样的一个问题："如果您失去了主要的收入来源，在不借款、不搬家的前提下，维持生活开销，您能支撑多久？"中国香港地区 55.4% 的受访者回答可以支撑 6 个月及以上，哥伦比亚为 17.3%，德国为 26.4%，印度尼西亚为 8.6%，意大利为 19%，韩国为 37.2%，马来西亚为 9.5%，秘鲁为 17.8%。

除了财务韧性，在度量金融健康其他要素方面，也有一些尝试。比如，世界银行 Global Findex 包含与财务担忧相关的问题。2021 年的问卷中有这样一个问题："您现在对以下各项的担忧程度如何？你是不是很担心、有点担心，或者目前一点也不担心？"各项担忧包括：（1）没钱养老；（2）没钱支付重大疾病或者事故引发的医疗费用；（3）没钱支付每个月的日常开支；（4）没钱支付教育开支。调查发现，全球 74% 的受访者担心不能支付重大疾病或者事故引起的医疗费用，69% 的受访者担心没钱养老，64% 的受访者担心不能负担每个月的日常开支，49% 的受访者担心不能支付教育开支。在 2021 年的调查中，中国受访者表示对财务担忧的比例均低于全球水平。

与 CFPB 和 FHN 不同，美联储的 SHED 并不构建消费者金融健康得分，但会提供若干指标反映美国家庭金融健康整体状况，表 3-4 展示了 2021 年美联储在 SHED 中的相关指标。

① 参见 https://www.oecd.org/financial/education/launchoftheoecdinfeglobalfinancialliteracysurveyreport.htm。该调查覆盖 26 个国家和地区，总样本量为 125787 名成年人。

表 3–4　2021 年美联储在 SHED 中反映金融健康状况的相关问题

总体而言，以下哪一项最能描述您最近的财务管理情况？ 1. 觉得很难过 2. 过得去 3. 做得还行 4. 舒适的生活
与 12 个月前相比，您（和您的家人）的财务状况是变好了、一样还是变差了？ 1. 情况太糟 2. 情况有点糟 3. 差不多 4. 稍微好一点 5. 好多了
与两年前相比，您（和您的家人）的财务状况是变好、不变还是变差？ 1. 情况太糟 2. 情况有点糟 3. 差不多 4. 稍微好一点 5. 好多了
想想你的父母在你这个年纪的时候。你会说你（和你的家人）在经济上比他们更好、相同还是更差？ 1. 情况太糟 2. 情况有点糟 3. 差不多 4. 稍微好一点 5. 好多了

2021 年美联储在 SHED 发现①，财务上至少还“过得去”的美国受访家庭比例为 78%，与 2020 年相比上升了 3 个百分点。调查还发现，2021 年 25% 的受访家庭回答他们的财务状况与 2020 的情况相比变好了，20% 的受访家庭表示变差了。

① 参见 https://www.federalreserve.gov/publications/2022-economic-well-being-of-us-households-in-2021-overall-financial-well-being-in-2021.htm。

二、建立本土化的金融健康度量方法

（一）路径选择

1. 方法的选择

如果中国的政府部门、商业机构希望开发本土化的金融健康度量方法，应该怎么做呢？

最直接的办法是借用国际上现成的度量方法，只做轻量级的调整，不做重量级的开发。这种办法的优势是上手快、成效快。比如，我们可以直接借用CFPB设计的问卷，问卷中的10个问题翻译成中文，做简单的调整，即可投入使用。这里需要留意的问题是CFPB问卷中问题的表述遵循了英语习惯，体现了美国文化，这些问题在美国群众中经过测试才投入采用的。如果我们直接借用CFPB的问卷，可能也需要做相关测试，确保问题的表述和措辞使用恰当，符合汉语习惯，体现中国现实语境。问卷收集好以后，我们也可以借用CFPB提供的方法，将问卷得分转化成金融健康得分。这里可能会被忽视的问题是CFPB提供的转化表格可能对中国受访对象不适用。CFPB提供的问卷得分和金融健康得分的转化关系是基于CFPB使用的项目回应模型及在特定样本下产生的模型参数估计。这些暗含的模型参数估计来自CFPB在美国收集的问卷数据。如果假设这些参数估计在中国也适用，可能会产生谬误。所以，为了避免这样的错误套用，我们需要放弃使用CFPB提供的转化表格，解决办法是直接把问卷总得分作为金融健康得分。只要这样计算出来的金融健康得分与其他反映金融健康状态的指标有比较强的相关性，这种办法就可以采用。

如果认为CFPB的方法本土化比较困难，还可以借用FHN的度量方法。将FHN问卷中的8个问题翻译成中文，即可使用。计算问卷平均得分即为金融健康得分，与 CFPB 的方法比较，更为简便。根据 FHN 提供的金融健康状态划分标准，可以将消费者分成“健康”“勉强应对”“脆弱”三类。这里需要留意的问题是 FHN 的划分方法，在美国可能是合理的，但在中国未必合理。在 FHN 的体系下，如果金融健康得分为 80~100 分，认为消费者处于金融健康状态；如果得分为 40~79 分，认为消费者处在财务上勉强应对的状态；如果得分为 0~39 分，认为消费者处于财务脆弱的状态。

直接借用国际上主流的金融健康度量方法固然简单快捷，但国际方法未必符合中国国情。如果希望较为系统地开发一套度量方法应该遵循哪些步骤呢？参考国际经验，开发流程大致分以下五个步骤。

第一步，设计一套调查问卷，问题可以比较多。小范围测试，确保受访者不会对问题产生语言上的误解，表述恰当。

第二步，经过第一步小规模测试以后，开展较大规模的问卷调查，收集数据。

第三步，基于第二步收集的数据，进行问题筛选，将问题数量较大幅度地减少，获得最终版本的问卷。

第四步，根据第三步生成的最终问卷，构造金融健康得分，并验证得分的有效性。

第五步，发布金融健康问卷和得分。

在设计问卷问题时，以下几个方面需要特别注意。首先，要确保设计的问卷问题能够反映真实的金融健康状态。既可以通过梳理文献和参考现有的方法，形成问卷问题，也可以借鉴 CFPB 的方法，通过与消费者和金融从业人员进行访谈，参考他们对金融健康的理解，形成问卷问题。比如，CFPB 在设计问卷时，与 59 位消费者进行了一对一的访谈，每次访谈持续时间为 1 个小时，访谈对象中有 41 位 18~61

岁的成年人和18位62岁及以上的老年人[①]。为了了解这些访谈对象对金融健康的理解，CFPB分析了1600多页的访谈记录[②]。CFPB还访谈了30位金融从业人员。另外，为了优化问卷问题的表述和措辞，CFPB额外开展了一轮访谈，这轮访谈对象合计19位。其次，设计问卷时还需要考虑是否应该涉及主观情绪的问题。比如，CFPB问卷中有一个问题是："该情形是否经常发生在您身上？我的财务状况控制着我的生活。"对于这个问题的回答，不可避免会参杂不少主观感受。相比之下，世界银行Global Findex中财务韧性指标、FHN问卷中关于收支平衡、信用状况的问题，客观因素更多一点。但是需要注意的是，所有的问卷调查都无法完全客观，都受调查对象主观判断的影响。再次，问卷设计需要区分"行为"与"结果"。金融是否健康是一个结果，许多行为会影响这个结果。区分"行为"和"结果"的目的是建立清晰的逻辑链条。这样我们才能通过研究，弄清楚哪些行为有利于提升金融健康，哪些不利于提升金融健康，哪些行为提升金融健康的效果更大一点，哪些相对更小一点。所以，在度量金融健康时，需要尽量把反映行为的问题排除在外。但也有人认为，既然有些行为与金融健康状态高度正相关，纳入金融健康度量，也是可以的。最后，问卷设计还需要考虑问题的回答选项如何设置。一般而言，现有的金融健康问卷调查大多采用5个梯次的回答选项，这也是心理测量学常用的方法。

2. 如何筛选问题

在初始问卷经过小规模测试之后，可以开展较大规模的问卷调查，收集数据，用于筛选问题。CFPB在开发金融健康度量方法时，一共开

① 参见 https://www.consumerfinance.gov/data-research/research-reports/financial-well-being-technical-report/。

② 参见 https://www.consumerfinance.gov/data-research/research-reports/financial-well-being/。

展了三轮较大规模的问卷收集[①]，合计收集了14399份回复。第一轮问卷调查使用了46个问题，采用线上进行调查的方式，收集了4500份问卷。第二轮调查使用了44个问题，还是采用线上进行调查的方式，收集了7899份问卷。第三轮调查使用了12个问题，这次采用线上和电话双线进行调查的方式，收集了1000份问卷。三轮问卷调查结束以后，通过筛选最终确定了10个问题。为了介绍CFPB筛选问题的方法，有必要简要介绍一下CFPB使用的项目回应模型[②]。这个模型假设有3个不可观测的因子（factor）。第一个因子是消费者的真实金融健康状态，这个因子影响消费者在每道问题上的回复。第二个因子是正面情绪因子，它只影响消费者在正面表述问题上的回复。第三个因子是负面情绪因子，它只影响消费者在负面表述问题上的回复。这个模型又假设消费者在每道问题上回复各个选项的概率分布是这3个因子和一些参数的函数。这个函数的具体形式是逻辑函数（Logistic function）。CFPB通过收集的问卷数据使用最大似然法估计模型参数及3个潜在因子。参数估计后发现，有些问卷问题与反映金融健康状态因子的相关性比较小，即金融健康状态因子的变化对消费者选择哪个回复选项影响不大，那么这个问题就会被舍弃。另外，还有一个筛选原则。问卷设计的理想状态是金融健康状态最好的消费者会选择一端的选项，金融健康状态最差的消费者会选择另一端的选项，而金融健康状态处在中间位置的消费者会选择中间选项。如果消费者的回复出现两极化，即回复只出现在两端，选择中间选项的不多，那么这样的问卷问题也不理想，需要舍弃。根据模型参数估计，如果发现金融健康状态因子

① 参见 https://www.consumerfinance.gov/data-research/research-reports/financial-well-being-technical-report/。

② 参见 https://www.consumerfinance.gov/data-research/research-reports/financial-well-being-technical-report/。

处在中位数位置的消费者，选择中间选项的概率接近为零或者非常小，那么这道问卷问题可以考虑放弃。除了可以使用CFPB采用的方法筛选问题，还可以使用主成分分析法，首先将主成分找出来，再将与主成分相关性较小的问题舍去。

3. 如何构建金融健康得分

CFPB的构造方法比较复杂。之前提到，CFPB采用了项目回应模型，基于问卷数据，估计模型参数。下面的问题是如何根据新填写的问卷回复，推测受访者的金融健康状态。构建金融健康得分采取的办法是假定这位消费者的问卷回复服从的概率分布和之前模型估计阶段假定的概率分布一致，使用估计出来的模型参数值，给定观察到的这位消费者的问卷回复，计算金融健康状态因子的后验条件期望，再将取值调整到0~100，就得到了金融健康得分。相比之下，FHN所采用的方法更为简便，直接计算问卷得分的平均值。参考FHN的方法，也可以考虑为问题每个选项设置得分，再根据问卷回复计算问卷总分，问卷总分即为金融健康得分，但是需要验证加总得到的金融健康得分与真实的金融健康状态是否存在较强的相关性。可以采取的办法是，检验这种方式得到的得分与使用主成分分析法得到的主成分之间是否存在较强的相关性。

4. 对构造的金融健康得分进行验证

为了验证金融健康得分确实反映了消费者真实的金融健康状态，CFPB考察了金融健康得分与其他指标之间的相关性。用于验证的指标主要包括以下几个问题[①]。（1）您如何评价您目前的信用记录？（2）如果下个月出现意外支出需求，您有多大信心可以拿出2000美元？（3）如

① 参见 https://www.consumerfinance.gov/data-research/research-reports/financial-well-being-technical-report/。

果您或您的家人失业、生病或遇到其他紧急情况，您是否预留了3个月的资金来支付费用？（4）您如何评价您的财务状况？（5）去年您有没有过需要食物却买不起的时候？（6）在过去的12个月中，您或您的家人是否至少有一次需要看医生或去医院但因为负担不起而没有去？（7）被催过债吗？（8）在过去的12个月里，您经历了多少次的财务冲击？CFPB发现构造的消费者金融健康得分与这些指标有一定的相关性。

之前主要介绍了基于问卷调查的金融健康度量方法。随着越来越多的消费者通过数字平台购物、支付、储蓄、转账、投资和开展其他活动，他们在互联网上留下的数字足迹提供了大量的数据。已经有些机构开始探索如何利用这些真实的交易和行为数据（如支票账户的余额、信用卡账单逾期付款违约金等）来度量金融健康。

（二）中国实践案例

1. 案例一：家庭金融健康度量

中国人民大学中国普惠金融研究院（CAFI）参考国际经验，提出了一个本土化的方法，来度量个人和家庭的金融健康。其概念框架包括以下四个方面。

一是日常管理，它是预期收入与开销的统一。这一维度重点关注家庭是否能够在一个收入周期内实现收支平衡，具体包括以下三个方面的情况。（1）有效可行的预算。家庭对于收支情况有较为清晰的了解，能够准确地把握家庭收入和支出的绝对值和波动性，并作出可靠的支出计划，以预防家庭出现无法填补的赤字鸿沟。（2）充足的资金流入。家庭拥有稳定的收入来源。无论是普通就业、灵活就业还是其他收入形式，拥有稳定的现金流能够满足家庭日常生活的开销。当遇到收入波动时，也有储蓄、信贷或者资产变现等形式满足资金流入的要求。（3）及时偿还债务。家庭所面对的债务在可控制的范围之内。债务收入比在合理范围内，能够按时清偿家庭债务。

二是机会，是指规划未来并做准备。生活质量的提升是随着时间推移渐进式的，因此目标与机会成为实现金融健康的重要维度。提升生活质量可以通过设定目标的形式来实现，如提高下一代受教育水平、改善居住环境等，也可以通过创业的形式来实现，如建立新业务、扩大现有的业务等，还可以是为了保存财富为退休后的生活未雨绸缪。总之，目标与机会关注的是设立计划来达到一定的目标，从而提升家庭整体的生活水平，具体包括以下三个方面。（1）长期规划。对于家庭生活质量提升拥有长期的规划与目标，并付出相应的努力。（2）目标和手段。设立财务目标，并掌握可操作的手段。（3）财富管理。对于既有的财富与未来可获得的财富有明确的管理手段，如使用银行储蓄、理财保险、基金、信托等一系列形式来实现财富的保值与增值。

三是韧性，它是风险对冲手段。对于脆弱家庭而言，实现财富积累本就相当困难，而疾病等风险来袭更会雪上加霜。因此，家庭拥有抵御冲击的韧性是极其重要的，可以更平稳地度过逆境而避免遭受毁灭性的打击。最基础的韧性表现为持有适量的现金和流动资产，能够有效地缓解收入降低或者支出增加的直接影响。此外，韧性还包括在紧急情况下获得外部风险补偿或借贷资金的能力，如保险赔付、各种渠道的借款等。家庭韧性的有效性和恢复至冲击前水平的时间，取决于人们是否建立了广覆盖和多维度的家庭风险防御机制。财务韧性具体体现在以下两个方面。（1）应对冲击的准备。家庭预期了可能会发生的风险，并做好了相应的准备，如准备好了风险储备金、购买了保险等一系列措施。（2）应对冲击的恢复能力。在家庭遭受风险侵害后恢复到健康水平的能力，其包括获取保险理赔、借贷能力、储蓄消耗速度等，恢复能力决定了家庭在风险纷繁的世界中保持一定生活质量的恢复力。

四是掌控力，是指对财务状况具有掌控、能力和信心。掌控力包括对自身财务状况的掌控、对财务管理知识的了解、在与金融服务提供商互动时的判断力、对自身克服财务挑战的信心及参与金融健康活动的积极性等。它主要体现在以下三个方面。（1）掌控。家庭对于自身收支、负债、风险保障等情况是否能够很好地掌握，同时对于经济形势有基本判断。（2）能力。它主要体现在家庭的金融能力，能够根据家庭实际情况作出利于家庭福祉的知情决策。（3）信心。它主要体现在家庭对于未来财务状况的自信程度，对未来财务状况是否具有乐观的期待。

上述框架被命名为DORA。在此基础上，CAFI设计了一套初步的问卷，收集了近1000份回复，用于优化问卷。从近20个问题中将有显著个体差异的指标选择出来，同时合并了具有多重共线性的指标，最终得出了10个能够有效衡量受访者金融健康程度的具体问题（见表3-5）。

表3–5　CAFI开发的金融健康问卷

1. 下面哪一个选项可以概括最近三个月您的日常开销情况？

A：每月日常开销远超收入（分值：2）

B：每月日常开销超过收入（分值：4）

C：每月日常开销和收入基本相当（分值：6）

D：每月日常开销少于收入（分值：8）

E：每月日常开销远小于收入，有很多余钱（分值：10）

2. 您现在的储蓄习惯如何？

续表

A：从来不存钱（分值：2）

B：存钱习惯较差（分值：4）

C：存钱习惯一般（分值：6）

D：存钱习惯较好（分值：8）

E：存款习惯很好（分值：10）

3. 下面哪个选项最符合您的收入 / 预算 / 消费计划？

A：我没有任何计划，不知道花了多少，不知道应该怎么花（分值：2）

B：只是大概知道能挣多少能花多少（分值：4）

C：偶尔制订收入支出计划（分值：6）

D：经常制订收入支出计划（分值：8）

E：坚持定期制订收入支出计划（分值：10）

4. 以下哪个选项符合您的保险保障情况？

A：无任何保险（分值：2）

B：只购买了最基本的保险（如基础社保、农保等），能分摊很少的意外事故、疾病等风险（分值：4）

C：除基本社保外，还购买了少量其他保险，能分摊较少的意外事故、疾病等风险（分值：6）

D：购买保险种类较多，能分摊较多的意外事故、疾病等风险（分值：8）

E：购买保险种类齐全（财产险、商业人寿保险、重疾保险、医疗保险、意外保险及其他商业保险），几乎能完全覆盖意外事故、疾病等风险（分值：10）

5. 您最近是否因为财务情况感觉到压力？

A：压力很大，总是为钱发愁（分值：2）

续表

B：压力大，经常为钱发愁（分值：4）

C：偶尔感受到压力（分值：6）

D：没有压力，基本不发愁（分值：8）

E：完全没有压力，从不为钱发愁（分值：10）

6. 假如您家所有成员都失去收入，您家的存款或应急资金可以维持几个月的日常生活需求，包括食物、交通、教育、住房（如房租或房贷）等？

A：1个月内（分值：2）

B：1~2个月（分值：4）

C：3个月（分值：6）

D：4~5个月（分值：8）

E：6个月及以上（分值：10）

7. 假如您家所有成员因为意外突然失业，只能通过借款（向亲戚朋友和银行等金融机构）来维持基本生活，借款可以维持几个月的日常生活需求，包括食物、交通、教育、住房（如房租或房贷）等？

A：借不到或者小于1个月（分值：2）

B：1~2个月（分值：4）

C：3个月（分值：6）

D：4~5个月（分值：8）

E：6个月及以上（分值：10）

8. 您是否能够很好地掌控现在与未来的财务状况？

A：完全无法掌控（分值：2）

B：不太能掌控（分值：4）

C：掌控能力一般（分值：6）

D：掌控能力较强（分值：8）

续表

E：掌控能力很强（分值：10） 9. 下面哪一选项最符合您对未来财务状况的描述？ A：认为会变得很差（分值：2） B：认为会变差一点（分值：4） C：认为保持不变（分值：6） D：认为会变好一点（分值：8） E：认为会变得很好（分值：10） 10. 您的家庭负债与资产比例是多少？ 比如，欠别人 5 万元，而自身所有资产总和为 10 万元，则负债比例为 5 万元/10 万元=50%。负债包括房贷、车贷、亲朋好友借款、消费贷款等。资产包括房屋、土地、机动车、家电、银行定期存款、银行理财产品、数字金融平台（如支付宝、理财通等）的理财产品、股票、基金、信托等。 A：50% 及以上（分值：2） B：40%~50%，不包含 40% 和 50%（分值：4） C：40%（分值：6） D：30%~40%，不包含 30% 及 40%（分值：8） E：30% 及以下（分值：10）

2. 案例二：小微企业金融健康度量

2020 年，CAFI 发布了报告《诊断疫情对微弱经济体金融健康的影响与政策建议》。此项研究提出了一个度量小微企业金融健康的指标体系，包括 9 项指标，分别是：（1）流动资产周转率；（2）资产周转率；（3）资产负债率；（4）应急存款是否充足；（5）筹集应急资金的能力；（6）债务是否逾期；（7）财务规划实现可能性的自我评价；（8）应对财务冲击能力；（9）对企业未来财务的信心。

2020年3月，CAFI在全国27个省随机抽样了866份小微企业样本数据，深入调查了各地小微企业在新冠肺炎疫情冲击后的金融健康现状。调查发现，40.6%的小微企业金融健康得分在6~8分（在此项研究中，金融健康得分取值在0~10分。），37.3%得分在4~6分，10.9%得分超过8分。从具体指标来看，“筹集应急资金的能力”“财务规划实现可能性的自我评价”指标的评分均值最差，分别为3.4分、4.6分；其次是“应对财务冲击能力的自我评价”“应急存款是否充足”，分别为5.2分、5.6分；其他各指标的评分均值都超过了6分，“流动资产周转率”的评分均值最高，为7.9分。金融健康得分结果反映了小微企业普遍存在融资困难，且欠缺长远的规划。但是小微企业通常会各显神通应对经营中的挑战，具备一定的韧性。

基于被调查的866个小微企业的数据进行回归分析发现，在控制年龄、性别、教育程度、婚姻状况、家庭规模、经营年限、经营规模、行业、线上经营模式、转线上经营的规划等变量的前提下，新冠肺炎疫情前债务不逾期、有财务规划、保险投资等金融行为，与新冠肺炎疫情后金融健康相关指标得分及总分呈显著正相关。相反地，中高风险投资与金融健康相关指标得分及总分呈显著负相关。可见，新冠肺炎疫情前良好的信誉、明确的财务规划、较好的保险保障是新冠肺炎疫情后保持金融健康的关键，而中高风险投资给企业带来了压力，继而影响了企业的金融健康。根据得到的研究结论，各方可根据自身扮演的角色引导企业调整金融行为，最终加强小微企业应对意外冲击的韧性，提升小微企业的金融健康程度。

第四章 家庭金融健康

本章结合中国实际情况，更加深入地探讨了家庭的金融健康问题：中国家庭的金融健康水平目前是什么状态？家庭金融健康水平受哪些因素影响？提升家庭金融健康水平，政策监管部门可以做些什么？对国内商业机构而言，有哪些可以参考的国际案例？

一、中国家庭金融健康现状

中国家庭的金融健康情况如何？当收入中断时，积蓄或借到的钱可以支撑多久？负债是否对正常生活造成了压力？是否有适当的财务规划妥善安排家庭的日常收支、突发风险和未来生活？

目前，对这些问题的研究还不充分，可以参考的研究成果还比较有限。世界银行 2021 年 Global Findex 显示，中国受访居民在财务韧性方面的表现与高收入经济体接近。全球 88% 的受访者能在 30 天内筹集到应急资金，中国为 92%，高收入经济体为 93%。在财务担忧方面，中国受访者的表现也要好于全球平均水平。比如，全球 74% 的受访者担心没钱支付重大疾病或事故引起的医疗费用，中国为 68%。全球 69% 的受访者担心没钱养老，中国为 52%，高收入经济体为 59%。

CAFI 在国内首次提出金融健康的定义，并设计了一套调查问卷，度量个人、家庭的金融健康。调查发现，中国家庭的金融健康情况仍有很大的提升空间。CAFI 提出的金融健康概念框架包括四个维度（见第三章）。（1）日常管理。这一维度重点关注家庭是否能够在一个收入周期内实现收支平衡。（2）机会。这个维度主要考察家庭是否设立长期规划和目标，并掌握必要的实施手段。（3）韧性。这个维度主要衡量家庭应对财务风险的能力。（4）掌控力。这个维度指的是家庭对财务状况是否具有掌控、能力和信心。

在以上框架的基础上，CAFI 设计了一套 10 个问题的调查问卷，在 2021 年、2022 年陆续收集到 20 余万份问卷回复。通过分析样本中 67316 个固定工资者和 72895 个灵活就业者的回复，得到了下面一些结论。

（一）收不抵支不再是低收入人群的标签

无论是固定工资者还是灵活就业者，都存在较为突出的收不抵支的情况。调查询问了受访者“最近三个月您的日常开销情况”，收不抵支是指最近三个月每月日常开销超过或远超过收入。

1. 中高收入不等于收支平衡

通常在人们的印象中，“捉襟见肘”“朝不保夕”等收支无法平衡的现象往往是家庭经济状况较为拮据才会出现的情况。而 CAFI 的调查数据显示，收不抵支的比例在固定工资者中总体占比达 35.9%，在灵活就业者中更是达 44.4%。即便是中高收入的群体也有四成左右的比例面临收不抵支的情况。如图 4-1 所示，虽然收不抵支的比例在低收入群体中的确最高，但在年收入 10 万元以上的灵活就业者中也都在 40% 左右。即便是年收入 50 万元以上的固定工资者，也有超过 1/4 面临收不抵支的境况。

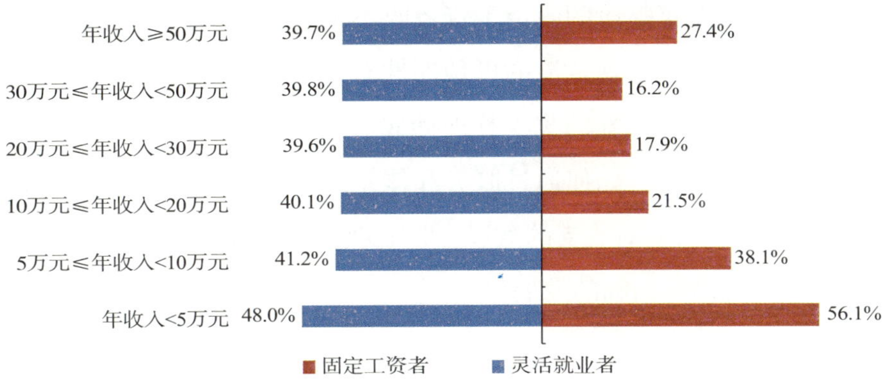

图 4–1 收不抵支占比（按收入分组）

（资料来源：CAFI 金融健康调查）

2. 收支状况体现中年之重担

调查发现，“月光族”似乎不应该再是二三十岁初入社会年轻人的标签。如图 4-2 所示，在上有老、下有小的 30~50 岁的中年人群体中，收不抵支的比例无论是在固定工资者还是灵活就业者中几乎都是最高的。

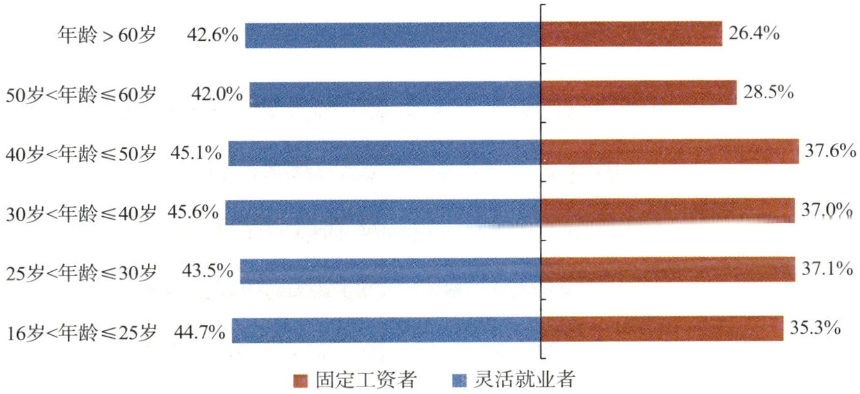

图 4–2 收不抵支占比（按年龄分组）

（资料来源：CAFI 金融健康调查）

3. 灵活就业者收不抵支更为突出

年收入 5 万元以上、相同收入范围的固定工资者明显能够更好地平衡收支，所有年龄段的固定工资者收不抵支的比例也都明显低于灵活就业者，这体现出现金流的可预期性对于收支管理的重要意义，以及灵活就业者普遍面临的收支管理挑战。当世界范围内灵活就业形式都在变得越加常见，如何通过服务和体系的设计赋能这类群体更好地平滑收入的波动、应对收支的敞口，进而实现更稳定的生活和福祉水平，是目前世界各国都面临的发展议题。

（二）财务规划远非日常行为

CAFI 调查数据显示，从平均来看，分别只有两成左右的固定工资者和灵活就业者会在日常生活中经常地进行财务规划。从学历分组来看，在灵活就业者中，存在较为明显的学历越高，日常制定财务规划的比例就越高的特征，而固定工资者并未呈现出此种现象（见图 4-3）。值得关注的是，即便是学历为研究生及以上的群体，经常进行财务规划的比例也只有三成左右。可以看出，财务规划尚未成为大部分居民的日常行为。

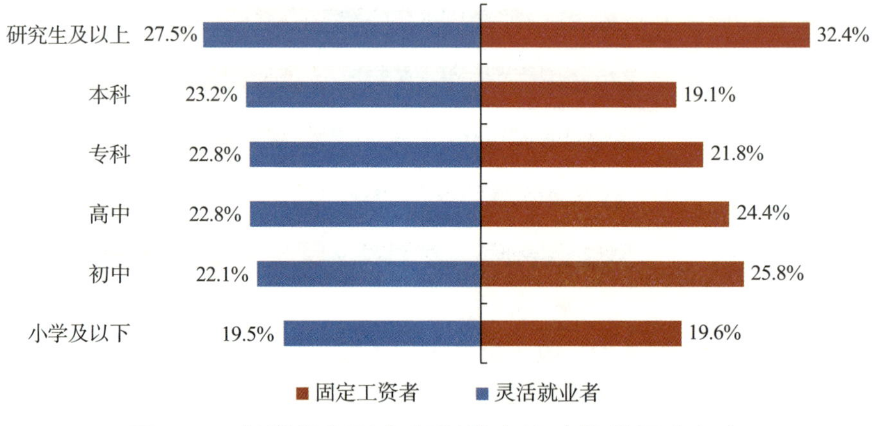

图 4-3 经常进行财务规划的占比（按学历分组）

（资料来源：CAFI 金融健康调查）

（三）低收入、灵活就业者的债务管理面临更大挑战

作为家庭最重要的金融决策之一，借贷是平滑家庭消费与收入的重要手段。新冠肺炎疫情暴发后，家庭部门贷款规模大幅增加。截至2021 年 12 月，金融机构境内住户人民币贷款余额为 71.1 万亿元，其中消费贷款余额为 54.9 万亿元，经营贷款余额为 16.2 万亿元。相比于 2019 年 12 月对应贷款余额，分别增长了 28.6%、24.8% 和 42.1%[①]。从家庭债务占 GDP 的比重来看，2019 年家庭债务占当年 GDP 的比重为 56.0%，到 2021 年该比例达 62.1%。从以上数据可以看出，新冠肺炎疫情发生两年后家庭债务的绝对规模和相对规模均出现大幅增长，况且还有大量民间借贷数据未被统计，如果将此一并考虑在内的话，家庭债务的绝对规模和相对规模还会更大。

从 CAFI 金融健康调查数据来看，在固定工资者和灵活就业者样本中，资产负债率[②]50% 及以上的比例总体都达 1/4。在不同的收入分组中，年收入 5 万元以下的群体资产负债率 50% 及以上的比例最高，平均超过三成；中高收入的灵活就业者资产负债率 50% 及以上的比例明显高于相应收入组的固定工资者（见图 4-4）。

① 相关贷款余额数据来源于中国人民银行网站；截至 2019 年 12 月，金融机构境内住户人民币贷款余额为 55.3 万亿元，其中全部消费贷款余额为 44.0 万亿元，全部经营贷款余额为 11.4 万亿元。

② 资产负债率即负债与资产的比例。比如，负债 5 万元，而自身所有资产总和为 10 万元，则资产负债率为 5 万元 /10 万元 =50%。

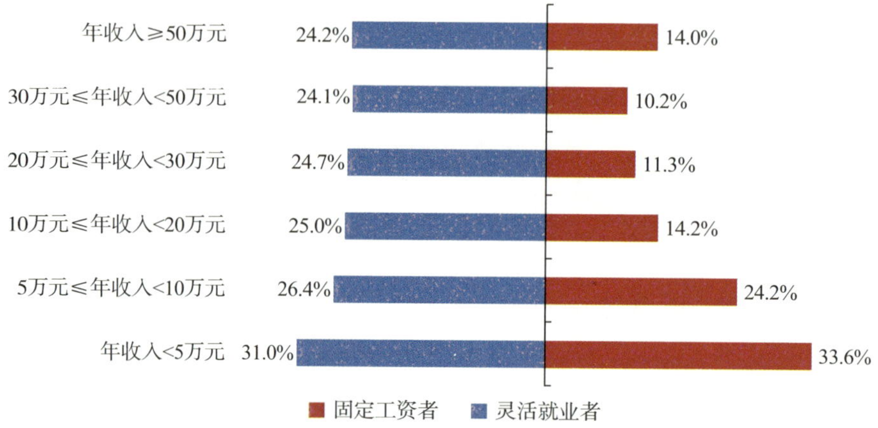

图 4-4　资产负债率 50% 及以上占比（按收入分组）

（资料来源：CAFI 金融健康调查）

（四）中低收入、灵活就业者仍存在较大风险敞口

由于购买保险的多少通常直接意味着购买力的大小，保险配置的齐全程度明显与收入水平呈正相关关系。无论是灵活就业者还是固定工资者，年收入 20 万元以下的群体家庭保险能够抵御较多风险或保险配置齐全的比例都不足两成。在灵活就业者中，年收入 30 万元及以上的高收入群体保险配置齐全程度也要远低于固定工资者中的相应收入组（见图 4-5）。这意味着中低收入群体往往处在不成比例的风险敞口当中，并且收入波动性更高的灵活就业者明显更难配置齐全风险保障，亟须更全面的、更适合的和更可负担的普惠保险产品供给。

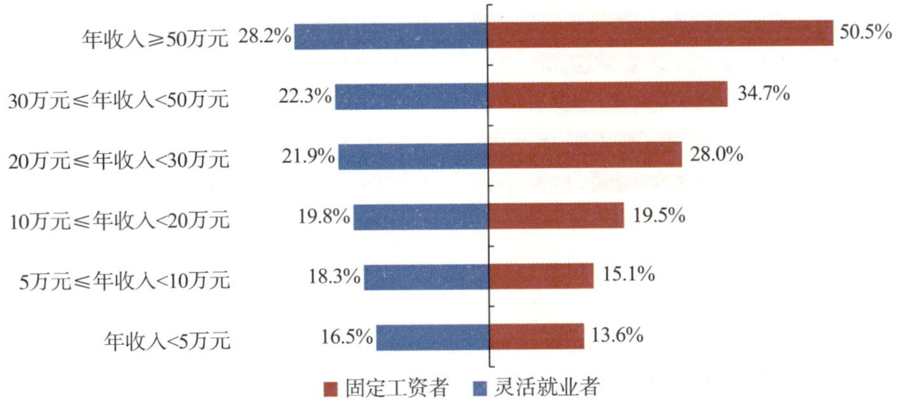

图 4–5 保险能够抵御较多风险或保险配置齐全占比（按收入分组）

（资料来源：CAFI 金融健康调查）

（五）低学历、低收入群体及中青年财务压力最大

无论是对灵活就业者还是对固定工资者而言，平均都有四成至五成群体“经常”或者“总是”感到财务压力（见图 4-6 和图 4-7）。财务压力的最大群体大致可以总结为低学历、低收入群体和中青年。

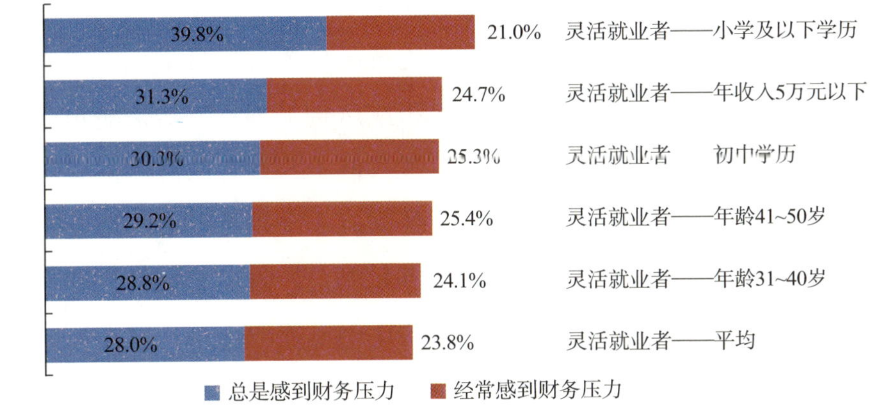

图 4–6 财务压力高于平均的灵活就业者占比（按收入、学历、年龄分组）

（资料来源：CAFI 金融健康调查）

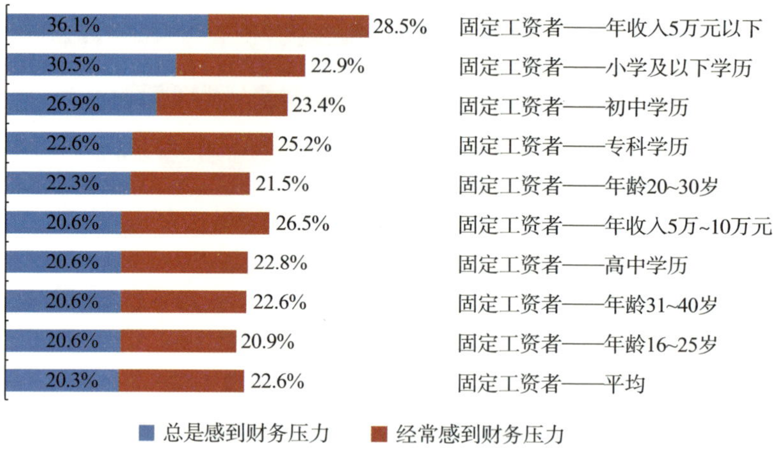

图 4-7　财务压力高于平均的固定工资者占比（按收入、学历、年龄分组）

（资料来源：CAFI 金融健康调查）

（六）存款或借款应急 3 个月对于半数灵活就业者皆为难事

在新冠肺炎疫情的持续冲击下，灵活就业者更经常地面临失去收入的境况。CAFI 调查中询问了这样的问题，“假如您家所有成员都失去收入，您家的存款或应急资金可以维持多少个月的日常生活需求，包括食物、交通、教育、住房（如房租或房贷）等？”结果显示，无论是固定工资者还是灵活就业者，年收入低于 5 万元的群体都有超过半数，甚至接近六成不能仅用存款维持家庭 3 个月及以上的开支（见图 4-8）。随着年收入水平提升至 10 万元以上，固定工资者家庭存款能够应急维持家庭 3 个月及以上开销的比例迅速增加至八成左右，而相同年收入水平的灵活就业者家庭的相应比例仍然不足六成。

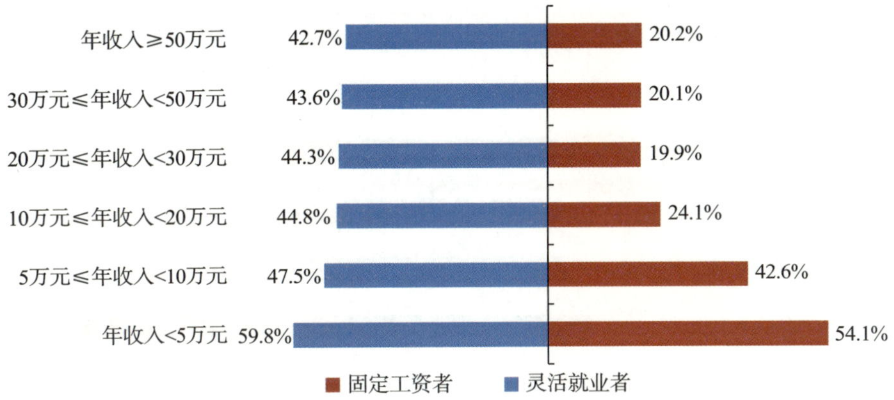

图 4-8　存款应急仅能维持不足 3 个月的花销占比（按收入分组）

（资料来源：CAFI 金融健康调查）

此外，良好的信用基础和可得的借贷渠道有利于增加经济主体面对冲击的财务韧性。CAFI 调查询问了受访者借款应急的情况。数据显示，在假设失去收入的情况下，固定工资者和灵活就业者能够通过借款应急维持日常开销达到 3 个月及以上的占比分别仅有约六成和五成。灵活就业者借款应急的能力明显弱于固定工资群体，即使是中高收入群体也只有一半左右能够通过借款维持 3 个月及以上的花销（见图 4-9）。这意味着，由于灵活就业者在收入可预期性和信用能力上处于弱势，活跃的就业市场和畅通的就业渠道，对于当前为数众多的灵活就业者维持家庭的财务稳健性至关重要。

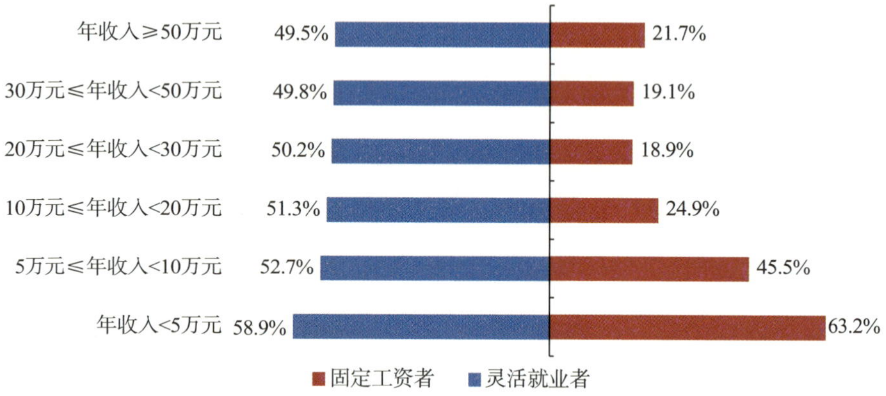

图 4-9 借款应急仅能维持不足 3 个月的花销占比（按收入分组）

（资料来源：CAFI 金融健康调查）

二、影响家庭金融健康的因素

第一章提到个人和家庭的金融健康状况受到诸多因素的影响，包括收入、消费观念、金融知识、风险偏好等内部特征，也包括政策变化、国际局势、地区发展、金融市场等外部特征。从总体来看，影响家庭金融健康的因素可以归类为以下四个方面：收支特征、风险暴露、金融素养与个体习惯和金融服务可得性。这四类因素最终是否会影响家庭金融健康及其影响程度，与观察对象的特征、观察的时期等都有关系。因此，政府和金融机构可根据实际情况及数据的可得性将四类因素拓展成与家庭相关的内因变量和外因变量，并进行深入研究，可就研究结果有侧重性、有选择性地提出提升和优化性政策，最终提升家庭的金融健康水平。

（一）收支特征

家庭的收支特征包括以下两个方面。

一是收入特征，包括收入的水平和波动性。世界银行 Global

Findex 数据表明低收入人群应对财务风险的能力更弱，同时低收入人群往往收入波动比较大，难以平滑消费。相对而言，高收入人群在应对日常开支方面可能更加容易。他们在满足了基本开支需求之后，还有额外的钱可以存起来以备不时之需，甚至还可以做些投资，规划未来。但是高收入人群也同样会存在金融不健康的问题。世界银行 Global Findex 数据显示，从全球平均水平来看，2017 年收入排名前 60% 的人群中，也有 33.1% 的人无法在 1 个月内筹集到相当于国民人均收入 5% 的资金。

二是支出特征。家庭主要支出包括必需品消费、发展性消费和享受型消费，消费习惯、所在地区的生活成本都会影响财务支出的特征。随着我国消费市场的发展及电子商务的兴起，当代年轻人更注重追求品质享受生活，“月光族”、负债消费都比较常见，超前消费观念让年轻一代家庭更难存下钱。另外，一线城市对于有房贷的家庭而言，高额的房贷直接占用了家庭收入的一大部分，家庭实际可以支配的收入并没有表面的那么充足。当收入出现波动时，如果没有一定的储蓄，财务会变得很艰难。

（二）风险暴露

在社会经济活动中，家庭无时无刻不面临各种风险，可能导致家庭承担人身、财产甚至家庭关系破裂等各类损失，是引起家庭金融亚健康、弱健康甚至不健康的重要原因。家庭常见的风险包括医疗健康、收入损失、金融损失、失去生命、家庭关系、法律纠纷和其他意外七大类。应对不同的风险，化解风险也应采取不同的手段。按照对家庭财务的影响方向，这些风险可以归类为两类：一是收入风险。如果一个家庭收入不稳定，甚至存在失业的风险，那么在应对日常开支和紧急开支方面，可能比较困难，更不要提投资未来。所以收入方面的风险会影响金融健康状态。这个时候，失业保障方面的政策举措就至关重要。比如，我国劳动法规定，用人单位应为劳动者缴纳失业保险，并且在解除劳动合同时需要向劳动者支付一定的经济补偿。但是，国内很多灵活就业人员未与用人单位签订劳动合同，因此失业以后拿不到这项补偿。二是支出风险。如果一个人因为从事的职业、不良的生活习惯或者突发意外事件，导致发生安全事故或者身患疾病的概率比较高。那么用于抵御这种风险的准备就需要比较多，这对家庭的考验也更大，相对来说，金融不健康的可能性就比较大，社会保障制度在一定程度上可以缓解这方面的风险。当然，还有一些风险事件可能同时面临收入和支出的冲击。

最终这些风险暴露是否会影响家庭的金融健康取决于风险产生的频率、造成冲击的大小及最终对家庭的破坏程度。可以把中低收入家庭面临的各类风险分成四类。

一是高概率高损失。此类风险事件发生概率较高，单次造成的损失也是相当大，对家庭金融健康影响最为显著，较为典型的有家庭失去主要收入来源、因病短期丧失劳动力及近亲去世。

二是高概率低损失。此类风险事件发生的概率稍高，但是对家庭造成的损失有限，如去医院看病、住院及其对慢性病的治疗。

三是低概率高损失。此类风险事件发生概率较低，但是一旦发生对家庭造成的损失较为显著，典型代表有车祸和陷入法律纠纷等。

四是低概率低损失。此类风险事件发生概率低，对家庭造成的损失也较低。

（三）金融素养与个体习惯

金融素养指一个人或家庭对经济、财务和金融等相关知识的理解和掌握。在此基础上，根据对金融知识的应用及对待金融问题的态度最终采取某种金融行为。金融素养较低和金融能力较弱是个人或家庭金融健康程度较低的原因之一，也是未来普惠金融发展中需要重点努力的方向。缺乏金融素养和金融能力较弱的低收入家庭没有能力利用好金融工具提升家庭的经济水平，例如，无法对家庭的资产作出合理的投资与规划，当缺乏资金时不会在市场中寻找合适的融资渠道，对于家庭面临的各类风险也缺乏提前规避风险的能力，甚至更容易遭遇金融诈骗或陷入不良金融行为，也难以更好地利用金融资源发展生产、提高收入。从中国人民银行金融消费权益保护局近几年发布的《消费者金融素养调查分析报告》结果来看，可喜的是，我国金融消费者的素养呈现不断提高的趋势。但是与发达国家比较仍然差距明显，我国居民金融素养不足已经影响了家庭运用金融工具改善生活的能力。我国金融教育缺乏长期和系统的教育过程。中国的金融教育目前仍以金融机构或社区组织的以某一明确主题进行的短期培训为主，在个人的成长过程中，金融教育的获得主要以自学和家庭教导为主，学校教育和专业机构的参与偏低。腾讯金融科技智库联合深圳大学会计与财务研究所共同发布的《亲子财商教育：国际比较与中国启示》中提出，我国居民平均财商指数为 60.1 分，仅处于及格阶段。同时，中国财商教育水平的城市间差异较大。从一线城市到三线城市，受访对象财商得分分别为 62.1 分、59.8 分和 58.4 分。① 小城市、县域及农村地区金融消费者的金融素养提升需要引起各界更多的关注。

---

① 参见 https://baijiahao.baidu.com/s?id=1602161834030861324&wfr=spider&for=pc。

另外，影响金融健康的因素是由性格、心理和价值观等非认知类因素产生的个人行为习惯差异。这些因素主要是成长过程中长期养成的，并非短时间内可以通过学习发生变化的。这些成长中潜移默化养成的习惯会影响到一个家庭的消费观念、风险偏好、社交习惯等，而这些也会最终影响到金融健康。例如，一个家庭如果偏好享受生活或者攀比性消费，那么家庭支出会更多，造成的结果可能是资金结余较少，甚至产生过度的消费信贷，保持金融健康的难度较大。

中国人在买房、储蓄等方面表现出比较一致的偏好习惯。在中国家庭的投资中，房产既是生活必需品也是最重要的投资方式，但是双重属性也注定了大多数家庭难以短期变现房产，提升生活质量。在金融投资中，中国家庭普遍偏保守，生活结余资金仍以存款为主，随着储蓄利率的下降，储蓄不仅难以实现财富增值，甚至难以抵御通货膨胀，无形中家庭的资产在贬值。近年来，随着我国资本市场的发展，越来越多的家庭开始投资股票，但是不同人的金融素养、风险偏好都存在差异，伴随着经济发展的不确定性，仅有少部分家庭有能力通过投资理财实现了财富增值。中国证券业协会发布的《2021 年度证券公司投资者服务与保护报告》显示，截至 2021 年末，我国个人股票投资者已超过 1.97 亿人，基金投资者超过 7.2 亿人[①]。股民中有一句话“一赚二平七赔”，反映了偏好高风险投资的家庭同样财富增值困难。近几年受新冠肺炎疫情及复杂国际局势影响，大多数投资者的投资表现可能更差，如果说低回报的储蓄造成了家庭财富的贬值，那么信心满满但金融素养并不高的证券投资者可能在投资的路上加速了家庭财富的大幅缩水。

① 参见 https://www.fundmarket.com.cn/zsxw/9435.aspx。

（四）金融服务可得性

如果个人或家庭有金融需求且具备一定金融素养，但是没有合适的或者可负担的产品，也会影响他们的金融健康。金融服务可得性体现了一个地区的普惠金融发展水平，普惠金融发展程度比较高的地区，人们在遇到各种冲击的时候，更有可能获得金融服务支持，增加抵御风险的能力，也有更多的机会充分安排好自己的财富实现积累和增值。而普惠金融发展程度比较低的地区，相对人的金融素养也较弱，要在金融渠道稀缺的市场中找到符合自身需求的产品的难度更大了。

以保险为例，中国保险行业协会发布的《2018 中国商业健康保险发展指数报告》显示，2018 中国商业健康保险发展指数为 63，整体发展处于基础水平，仍有很大提升空间。其中商业健康保险的覆盖率不足 10%，大部分受访者表示主要通过基本医疗保险与自筹资金应对自身与家庭重大疾病费用支出。即便是认为自身发生重大疾病风险大的受访群体，仍有 82.1% 的受访者尚未购买商业健康保险；47.8% 的受访者认为有必要购买商业健康保险，但付诸行动真正购买的比例仅为 6.7%。不了解保险产品、缺乏渠道、认为保费过高是影响居民购买健康保险的主要原因[①]。2020 年 12 月 16 日，在国务院政策例行会议上，时任中国银保监会副主席黄洪表示，我国保险深度和保险密度分别只有 4.3% 和 430 美元，在全球的排名分别为第三十八位和第四十六位，不仅远低于发达国家保险市场的水平，也低于全球保险业的平均水平。目前我国人均持有人身险保单数不足 1 件，仅为 0.8 件，这与发达国家存在较大的差距[②]。家庭在商业保险上可得性差使家庭在风险暴露时更易产生金融不健康的结果。同样，其他金融服务的可得性差也会降

① 参见 http://www.iachina.cn/art/2018/6/7/art_22_102589.html。
② 参见 http://www.gov.cn/xinwen/2020zccfh/48/index.htm。

低了家庭优化金融健康状况的机会。

（五）家庭财务受困案例

家庭受到上述四类因素的影响，最终会呈现出不同的金融健康状况。以下分享几个案例和过去发生的事实，通过案例，相信大家对四类因素如何影响家庭的财务会有更加深刻的认识。

1. 来自财务日记的故事

从 2020 年初开始，CAFI 选取了陕西宜君县、湖南平江县和上海市三地区部分中低收入家庭作为研究对象进行财务日记研究。在此期间，完整记录了所有家庭的家庭基本情况、每一笔生活开支的详细信息，通过这些信息可以看到家庭的金融健康是如何变化的。通过调查我们也更加清楚地意识到，中低收入家庭极易陷入金融不健康的状态，表现出财务脆弱性，需要社会各界的重视。

（1）案例一：湖南省平江县陈某家庭

湖南省平江县陈某家庭是居住在老城区棚户区的一个四口之家，由陈某、陈某的妻子及两个孩子组成。陈某来自农村，职业是装修工，既作为小工头承包装修，也加入其他装修队工作，妻子以照顾家庭为主，偶尔接些零工，两口子属于典型的灵活就业者。调查期间，大儿子在读职高，小儿子在读中学。陈某家庭的收入波动性较大，家庭主要支出为日常生活支出和教育费用，家庭存款较少。由于欠缺金融知识，生活中对金融工具的使用较少。陈某自认为过去购买保险是被骗了后除了基本的社会保险外再无其他规避风险的工具，对银行信贷也十分排斥。

图 4-10 记录了陈某家庭从记账起始日起每一笔收入与支出引起家庭账户余额变化的情况。从观察期来看，在多种原因叠加下，新冠肺炎疫情期间陈某家庭经历了较大的财务压力。首先，收入减少。2020

年疫情刚开始时，由于防疫需要，陈某很难进入客户家开展装修工作，计划好的工程被迫停滞，有将近 4 个月的装修收入几乎为零。由于支出依旧保持在疫情前的水平，加上过年期间家庭消费较多，家庭的结余慢慢消耗殆尽。其次，大额医疗支出。2020 年 4 月，陈某妻子遭遇意外，脚部韧带断裂住院。在医疗保险报销后自付部分达上万元，对于陈某家庭来说是一笔不小的支出。住院期间，陈某为了照顾妻子减少了工作量，损失了部分收入。此后至当年 8 月，陈某家庭持续有医疗支出，包括妻子复诊，其间，家里老人抱恙也有一笔不小的医疗支出。最后，大额教育支出。2020 年 9 月，陈某为两个孩子支付学费，除了大额的学费支出，两个孩子的生活费同样也是一笔不小的开支。

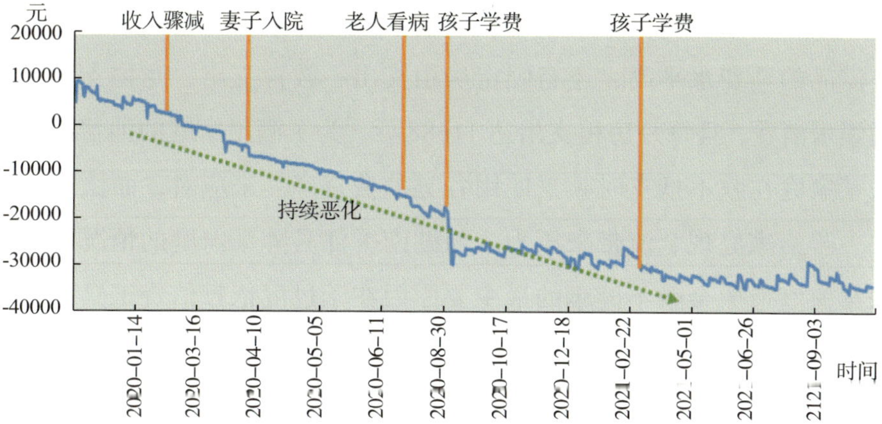

图 4–10 陈某家庭的收支结余

新冠肺炎疫情对收入的影响叠加教育、医疗与其他刚性支出最终导致陈某家庭产生赤字。然而，家庭并没有失业保险、商业意外保险和补充医疗保险来提供缓冲支持，导致家庭财务压力非常大。收入性质、金融素养较低、突发风险事件及宏观环境变化是造成陈某家庭金融不健康的主要原因。

（2）案例二：上海市朱某家庭

图 4-11 为上海市朱某家庭 2021 年 5—10 月的收支变化情况。从观察期来看，该家庭只有不到一个月的时间处于收大于支的状态。通过该家庭账目细节可以发现家庭收支有以下几个特点：（1）该家庭收不抵支时经常使用消费贷来填补空缺，所以每个月有定期的消费贷款或者分期贷款需要偿还。（2）家庭每个月有固定的租房费用，通过访谈得知，虽然朱某家庭是上海本地人，有自有住房，但是为了方便照顾孩子，选择租房居住。（3）娱乐、餐厅外卖等消费占总消费笔数的 34.6%。（4）收入的具体金额与时间不太确定，收入来源也不确定。（5）在孩子教育方面花费较大，如兴趣班等。朱某家庭长期家庭赤字的主要原因在于收入的不确定性大且家庭支出水平较高，其支出除了必需品的消费水平高，还有固定房租支出、教育支出、宠物支出、家庭娱乐消费，且每月房租支出达 11688 元。为了满足家庭的消费需求，朱某家庭在收不抵支时频繁使用各类消费贷产品来应对，而偿还信贷进一步给家庭现金流带来压力。与湖南平江县陈某家庭的情况不同，朱某家庭造成金融不健康的最主要原因在于过度依赖信贷工具并主动选择了与收入不匹配的支出。

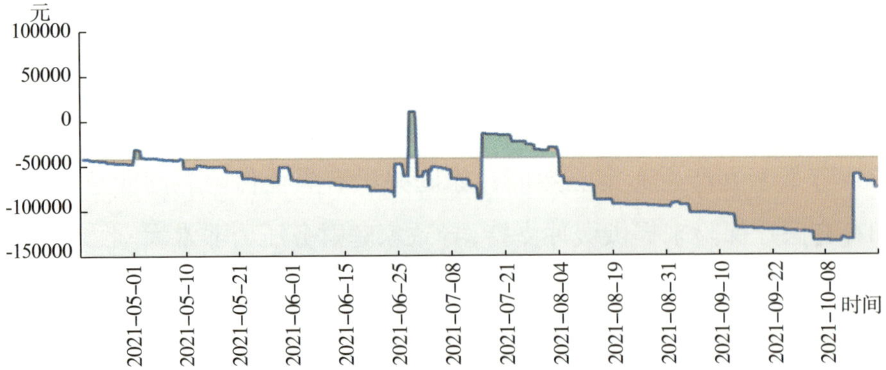

图 4-11　朱某家庭的收支结余

2. “买房情结”加大了中国家庭的压力

中国人浓重的“买房情结”和一、二线城市高企的房价使很多家庭背负了沉重的房贷，不仅严重挤压了家庭日常支出，当收入出现波动时家庭极易进入收不抵支的状态。在经历新冠肺炎疫情的几年中，很多家庭出现暂时或长期的失业情况，在收入中断的情况下高额的房贷使一部分家庭陷入了金融不健康。在广东省银行业 2022 年第一季度新闻通气会上，广东银保监局介绍到自 2020 年新冠肺炎疫情发生以来，广东省累计对受疫情影响的 4.6 万户房贷实施延期还款，涉及贷款超过 300 亿元。其中，2022 年以来办理房贷延期还款的有 800 户①。阿里平台法拍房的数据显示，全国法拍房的挂牌量在 4 年的时间里飙涨近 187 倍。2017 年法拍房的数量为 9000 套，2018 年数量为 2 万套，2019 年数量为 50 万套，2020 年数量为 120 多万套，截至 2021 年 12 月中旬，已经超过了 168 万套②。家庭在买房背负房贷时，若未充分考虑到家庭收入的不确定性并提前做好安排，当意外情况发生时，曾经给家庭带来幸福感的住房最终却可能成为家庭陷入金融不健康的“加速器”。

三、支持家庭金融健康的政策体系

回顾过去我国政府出台的与金融健康相关的各类政策，可以分为普惠金融政策、金融消费者保护、金融素养和能力建设、社会经济发展政策和宏观稳定政策五大类。国家层面政府对政策体系的总设计与地方政府有效的执行和结合地区情况的创新，共同构筑了守护家庭金融健康的安全网。

---

① 参见 https://www.163.com/dy/article/H7H5U4410515EA2B.html。

② 参见 https://www.163.com/dy/article/H095KA6E0552X3OA.html。

（一）普惠金融

近年来，在政府的推动和市场的自发探索下，中国的普惠金融方兴未艾、蓬勃发展。党的十八届三中全会把发展普惠金融作为国家战略写进总纲，具有里程碑意义。2015 年 3 月全国“两会”期间，我国把发展普惠金融写进了政府工作报告，提出要大力发展普惠金融，让全体社会的主体都能享受到金融服务，充分体现了党和政府对社会低收入群体、小微企业等弱势群体金融需求的支持。2015 年末，国务院、中国人民银行及中国银保监会又把普惠金融的发展推向了新高度。国务院印发《推进普惠金融发展规划（2016—2020 年）》，明确提出在全国大力推进普惠金融发展。为了推动普惠金融制度、政策和机制创新，中国人民银行在货币信贷政策、金融基础设施、发展监测与评估、试验区建设、金融教育与消费者保护、国际合作等方面取得了显著成果，中国银保监会坚定实施普惠金融领域的激励与约束、差异化监管，中国证监会不断推动资本市场高质量发展，地方政府积极探索信用信息平台建设、制度创新、改善金融生态环境。落实到金融体系中，大中型银行在普惠金融专业化发展方面取得突破，小型银行在改革与转型中继续下沉，互联网银行通过技术创新开辟了新的市场，政策性银行逐步探索批发性贷款新模式。保险机构和证券机构积极探索领域内的普惠金融产品创新。同时以社交平台和电商平台为基础提供场景化金融服务的模式更加普遍，共同促进我国金融市场结构不断深化、市场层次愈加丰富，金融体系更加包容（贝多广，2022）[①]。在这些举措下，家庭的金融服务可得性极大地提高，特别是低收入家庭、贫困家庭也有机会获得金融服务，家庭平滑消费的机会、投资理财的机会、

① 贝多广 . 新起点——构建普惠金融生态体系 [M]. 北京：中国金融出版社，2022.

抵御风险的机会更多，家庭在保持金融健康方面掌握了更多的主动权。

（二）金融消费者保护

随着我国家庭金融服务可得性的提高，为了避免金融消费者在使用金融服务的过程中权益受到侵害，进而造成金融系统风险和宏观经济发展受阻，对金融消费者的保护也是一项重要的工作。政府近几年积极出台一系列相关政策保护金融消费者，主要成果包括建立完备的金融消费者保护机构、逐步完善金融消费者保护法规体系和建立多元化的金融消费纠纷解决机制等。

1. 建立完备的金融消费者保护机构

我国已形成了中国人民银行金融消费权益保护局为顶层、多个部门相协调的金融消费者权益保护体制，并逐步完善相关监管机制。该体制内的主要机构包括 2012 年中国人民银行设立的金融消费权益保护局，中国银保监会设立的银行业保险业消费者权益保护局[①]，2011 年中国证监会设立的投资者保护局等。这些机构推出了很多金融消费者保护措施，包括宣传金融知识、普及金融教育和解决金融纠纷问题等，并建立了金融消费者保护协调机制，为保护各个金融领域的金融消费者起到了重要作用。同时，2018 年设立的上海金融法院，从专业司法监管的角度，保护了金融消费者权益，并规范了金融机构的行为，进一步营造了金融市场良好的消费环境。

2. 逐步完善金融消费者保护法规体系

2013 年中国银监会印发《银行业消费者权益保护工作指引》，明确要求各机构将消费者保护纳入公司治理和企业文化建设，并体现

① 2011 年中国保监会设立保险消费者权益保护局，2012 年中国银监会设立银行业消费者权益保护局。

在发展战略之中。通过适当的程序和措施，推动实现消费者在与金融机构发生业务往来的各个阶段始终得到公平、公正和诚信。2015 年国务院办公厅印发《关于加强金融消费者权益保护工作的指导意见》、2016 年中国人民银行制定并发布《中国人民银行金融消费者权益保护实施办法》（银发〔2016〕314 号）、2018 年中国人民银行和中国银保监会联合制定《金融消费者投诉统计分类及编码　银行业金融机构》行业标准、2020 年 9 月中国人民银行印发《中国人民银行金融消费者权益保护实施办法》（中国人民银行令〔2020〕第 5 号），进一步规范金融机构行为，对金融消费者信息保护、金融消费纠纷解决、监管等机制作出明确规定。

3. 建立多元化的金融消费纠纷解决机制

近年来，我国也建立了多元化、多层次的金融纠纷的解决机制。金融消费者拥有众多渠道维护自己在金融业务中的合法权益。例如，当金融消费者的合法权益受到侵害时，既可以通过全国消费者热线、仲裁和司法途径进行解决，也可以通过第三方金融调节机构来解决，甚至还可以通过媒体、社会的力量来解决金融纠纷，以上渠道对及时、充分化解金融矛盾起到了重要作用。

（三）金融素养与能力建设

金融消费者的金融素养和能力关乎其能否准确、合理地使用金融产品，家庭金融能力的欠缺不仅降低了其使用金融服务的机会，也更容易在使用金融服务的过程中陷入新的风险中。近年来，随着数字技术在普惠金融领域的运用，弱势群体的金融服务可得性极大提高，但是“数字鸿沟”的存在使部分家庭金融排斥的局面更甚，形成新的不公平。此外，信息不当保管导致的信息泄露也为一些家庭带来了新的风险。因此，金融消费者的能力建设对其金融健康有重要的意义，政府在金融能力建设方面也采取了诸多措施，从历年《消费者金融素养调查分析报告》的结果来看，我国金融消费者的金融素养不断提高。

为了准确把握我国消费者金融知识水平及金融消费者教育领域中存在的薄弱环节，评估金融消费者教育工作的有效性，更好地做好金融知识普及工作，中国人民银行金融消费权益保护局于2013年和2015年针对消费者金融素养情况进行了两次全国范围内的试点调查，2016年1月11日，中国人民银行办公厅下发《关于建立消费者金融素养问卷调查制度（试行）的通知》（银办发〔2016〕8号），正式建立了消费者金融素养问卷调查制度[①]。在具体的赋能过程中，多个政府部门均发挥了重要作用。例如，中国银保监会和中国人民银行每年9月举办的“金融知识进万家”活动已经持续了9年，通过与金融机构等合作，进社区、进学校、进网点对消费者进行宣传教育。中国人民银行金融消费权益保护局陆续推出了《金融知识普及读本》《金融诚信伴我行》精品网课、《老年人金融服务手册》等众多培训材料[②]。在政府及金融机构的配合下，我国探索了多个开展金融能力建设的有效渠道。一是银行合作，尤其是五家国有大型商业银行的积极参与，对网点覆盖地域进行金融宣传，提高金融消费者的金融知识素养和对金融风险的识别能力。二是社区合作的方式。社区通过微信、现场活动、网络媒体、多媒体等方式，帮助社区居民提高金融知识，让他们不信谣、不造谣、不传谣，能够抵御身边的一些非法集资和非正常金融活动的诱惑。三是校企合作。银行和金融机构走进学校，帮助在校学生树立良好的金融观。国内一些有条件的地区在义务教育阶段学校联合周边金融机构

① 资料来源：中国人民银行《消费者金融素养调查分析报告（2021）》。

② 参见 http://www.pbc.gov.cn/jingrxfqy/145720/145735/index.html。

开展“金融知识进校园”活动，探索义务教育阶段金融素养教学活动，让家庭的金融赋能从“娃娃”抓起。

（四）社会经济发展政策

第四个与家庭金融健康密切相关的是我国的社会保障体系、义务教育体系等基础社会经济发展政策，这些政策关乎家庭的能力、收支、风险保障等方面。我国不断完善的社会经济发展政策为家庭金融健康构造了“安全网”。

目前，我国已经基本形成了包含社会保险、社会福利、社会救助、慈善事业、社会优抚、住房保障、义务教育等在内的多层次社会经济发展政策。我国的社会保障相关政策可以概括为三个主要部分：一是以贫困人口和遭受意外事件者为保障对象的扶贫与救助体系，包括农村扶贫、最低生活保障、灾害救助等项目；二是保障劳动者和居民各类生活风险的社会保险制度体系，包括养老保险、医疗保险、失业保险、工伤保险、生育保险五项社会保险；三是初步形成了以老年人、残疾人、优抚对象等特殊人群为主并面向全体国民的公共服务与福利体系（王延中，2018）[①]。对国家来说，社会保障体系是经济发展的“安全网”，也是社会发展的“稳定器”。对于家庭来说，社会保障制度对稳定家庭当前和未来收入、保障家庭必要的生活开支、应对意外风险事件、降低购房等大额支出压力等方面发挥了重要的保障作用，是家庭保持金融健康的重要支持。在CAFI金融健康相关的研究中发现，接受教育越高的家庭金融健康得分越好，教育程度与金融健康直接相关。除此之外，受过良好教育的个人，更大概率进入高收入的就业岗位，学习金融知识的难度更小，运用金融产品配置家庭资源和规避风险的

① 王延中．习近平新时代我国社会保障体系的改革方向 [J]. 社会保障评论，2018(1):13-26.

能力更强。从2008年秋季学期开始，国务院全面免除城市义务教育学杂费。至此，我国形成了九年义务教育普惠制度。义务教育制度保证了所有公民接受基本教育的权利，也极大地提升了我国公民的素质和接受金融能力建设的基础条件。

（五）宏观稳定政策

家庭金融健康的政策体系除了在我国经济社会飞速发展下为家庭构筑全方位防护网，当局部或系统地发生各类影响家庭金融健康的风险时，为了维护宏观经济稳定，政府也及时地颁布各类财政金融政策及其他救助手段对特定地区和特定人群进行支持，对守护家庭金融健康发挥了不容忽视的作用。例如，2022年4月，考虑灵活就业者本身收入不稳定且受新冠肺炎疫情冲击的不利影响，人力资源社会保障部办公厅印发《人力资源社会保障部办公厅　国家税务总局办公厅关于特困行业阶段性实施缓缴企业社会保险费政策的通知》，允许个体工商户和灵活就业者暂缓缴纳基本养老保险。2021年“7·20”河南特大暴雨灾害后，河南人民政府和国家发展改革委提出《河南郑州等地特大暴雨洪涝灾害灾后恢复重建总体规划》，强调通过以工代赈等方式优先解决受灾脱贫人口和返贫监测对象的就业问题。我国脱贫攻坚期间，累计发放7100多亿元单笔不超过5万元、3年期政府贴息的扶贫小额贷款，为贫困户脱贫增收提供了“启动资金”。

（六）小结

围绕家庭的发展，我国已经形成了相对完善的综合政策体系。虽然金融健康的概念在近几年才开始被国内关注到，但是不可否认，现有的支持家庭发展的政策体系与家庭金融健康密切相关。金融健康作为一个新的概念出现在上述国内政策体系形成之后，现有政策体系在设计之初未能充分考虑要实现家庭金融健康的结果，支持金融健康发展的各类政策之间不可避免地存在重复或缺失。因此，这些支持金融健康的政策在一定程度上反映了目标不明确、效率不高等问题。同时，各级政府和市场对金融健康的了解程度尚浅，在政策层面和市场层面都尚未形成专门的研究和讨论，总体来看，金融健康在国内的发展缺乏统一和系统的目标和行动，金融健康目标模糊，影响了政策最终支持家庭金融健康效果的发挥。

四、维护家庭金融健康的市场实践

在国际上，已经有很多商业机构将金融健康结果融入经营和产品设计中，重视客户甚至潜在客户的金融健康发展，这些做法不仅构成了机构社会责任的内容，也降低了机构经营的风险，扩大了机构的商业机会。本节将介绍几个在业务中融入金融健康结果的国际金融机构案例，这些案例的做法对我国金融机构在将来业务中融入金融健康结果具有一定的启发。

（一）荷兰安智银行

荷兰安智银行（ING Bank）是根植于欧洲的跨国金融集团，在全球超过 40 个国家开展业务。2008 年国际金融危机后，ING Bank 开始关注金融消费者的行为。它们研究发现，金融消费者通常对自身财务状况不是很了解，对自己的资金、资产状况没有清晰的认识，财务知识及技能也不足，难以找到方便、高效率的方式来维护自身的金融健康。即便是在发达国家，金融不健康实际上也是较为常见的，例如，在欧洲的调查中发现，一半的受访者都处于艰难地维持收支平衡的状态。

金融消费者在财务方面的压力，为 ING Bank 开展金融健康相关的业务带来了广阔的商机和市场。

在具体提升客户金融健康的措施中，ING Bank 从信息（Information）、创新（Innovation）和参与（Involvement）三个方面系统地进行客户赋能（见图 4-12）。首先，ING Bank 通过信息传递赋能客户。在这个信息“爆炸”的时代，消费者接触的信息十分混杂，但是只有其中与消费者金融利益相关的、会对生活产生重大影响的信息才是其真正关心和需要的。ING Bank 为其客户提供了财务预测工具、学习视频和相关培训，帮助消费者筛选出最有价值的学习内容并进行学习。其次，ING Bank 通过创新产品和模式赋能客户。ING Bank 创新了一系列服务形式来帮助客户提升金融健康。例如，自动储蓄方案。ING Bank 运用行为学原理实验设计了有趣的自动储蓄触发条件来吸引和鼓励客户储蓄。如果客户希望提升自己的运动量，他们可以设置当运动步数达到一定目标后，一定的金额就会自动存到储蓄账户，这个储蓄账户的利率通常高于活期账户。2018 年的数据显示，ING Bank 的客户每月自动储蓄的规模达 200 万欧元。除此之外，ING Bank 的创新举措还包括开发数字投资顾问、智能储蓄提醒等。最后，ING Bank 还通过直接参与的方式与社区、政府和商业组织一起为年轻人、女性和债务出现问题的群体提供财务规划和咨询、长期培训项目、开展员工志愿者服务等项目。

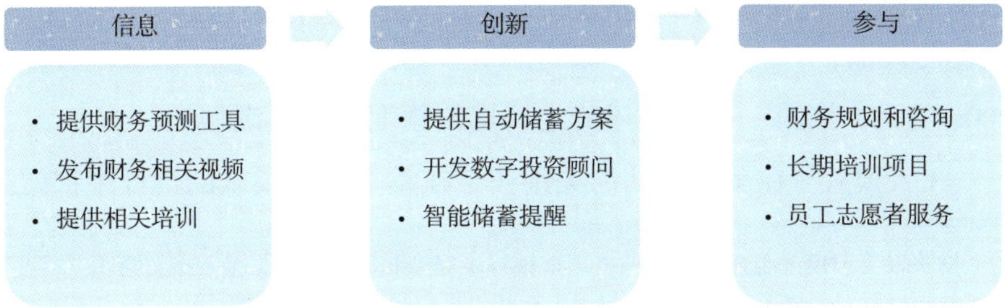

图 4-12 ING Bank 赋能客户的三个方面措施

以上措施产生了多方面的效果：从 ING Bank 自身层面来看，有效地提升了机构负债的稳定性，同时也提高了客户的忠诚度，这些客户也更可能使用该机构的其他产品。从客户层面来看，ING Bank 的这些措施帮助客户提升了对自身财务状况的了解，可以更好地进行未来财务规划。有利于其形成良好的储蓄习惯，提高抗风险能力，并且不断地积累金融知识，通过管理自身资产获得更大的财富。

（二）格莱珉美国

诺贝尔和平奖获得者尤努斯教授创立的格莱珉模式被视为普惠金融的先驱之一，其为极端贫困群体提供了包容性金融服务的商业模式，被发展中国家广泛学习。实际上，格莱珉模式也是融入客户金融健康结果的商业模式先驱，在讨论家庭金融健康时再次研究格莱珉模式也有重要的学习和借鉴意义。除了我们熟知的在北印度洋发展中国家格莱珉模式进行了大量的实践，在太平洋彼岸的世界金融中心纽约，格莱珉美国（Grameen America，GA）也为那里的社会底层提供了金融服务。尤努斯教授发现，纽约的银行家与全世界打交道，却未给自己的"邻居"提供服务。既然那里存在大量难以获得主流银行服务的群体，那么格莱珉模式就可以在那里施展拳脚。GA 于 2008 年初在纽约应运而生。GA 致力于服务生活在美国贫困线以下的女性，为她们以增加收入为目标的创业活动提供贷款。典型的创业活动包括创立售卖食物、鲜花的摊点，开办理发店、裁缝店等。客户的第一笔贷款最多可以借 2000 美元，当第一笔贷款还清之后贷款额度可以逐渐增加。

GA 模式[①]在美国成功的关键在于在整个商业模式的设计中都融入

① 格莱珉美国模式与孟加拉国的格莱珉银行不完全相同。例如，格莱珉银行由其客户和政府共同持股，而格莱珉美国的股权尚未在其年报中明确公布。又如，从 2018 年起，格莱珉美国开始涉足影响力投资领域。

了金融健康的理念。图 4-13 以简化的形式对比了 GA 模式与普通贷款涉及的 3 个主要环节的区别。首先，在提供贷款前建立赋能机制。GA 的贷款不是从了解客户的信用信息、抵质押品情况、寻求担保或替代信息开始，客户甚至不是必须有一个银行账户。一位符合条件的潜在客户在申请贷款之前要做的是找到另外 4 位思想相投、也想创办自己的小生意的同伴组成一个小组，然后参与金融培训项目，并开立一个免费的储蓄账户。这个 5 人小组并不是互为担保人的关系，而是可以互相监督、帮助及共同成长的伙伴。无论是建立 5 人小组、金融培训还是开立储蓄账户，都具有赋能的重要作用，特别是金融培训为客户管理收支和债务、提升财务掌控力打下了基础。在完成金融培训项目后，小组成员就可以获得第一笔微小额度的贷款。其次，在业务中持续赋能。小组成员获得贷款后，GA 的员工每周组织召开必须参加的中心小组会议，小组成员按周归还一部分贷款进行储蓄，与同伴交流创业情况，获得更多格莱珉提供的能力支持。通过中心小组会议，每周小额偿还贷款可以让客户更有意识地进行收支管理。定期储蓄可以让客户积累财富以增加韧性应对未来的意外冲击，同时培养为长远目标提前储蓄的习惯。互相交流生意和生活中的故事时，她们会对共同的社会契约产生更深的责任感，也可能会更多地谈及未来并给予彼此情感支持和建议，促进对未来的规划与准备，并强化财务掌控力。最后，GA 通过将贷款及还款情况汇报给征信机构益博睿（Experian）帮助客户建立信用记录。在该举措下，当他们在未来遇到突发情况需要紧急贷款时，良好的征信记录将提高他们应对冲击的韧性。

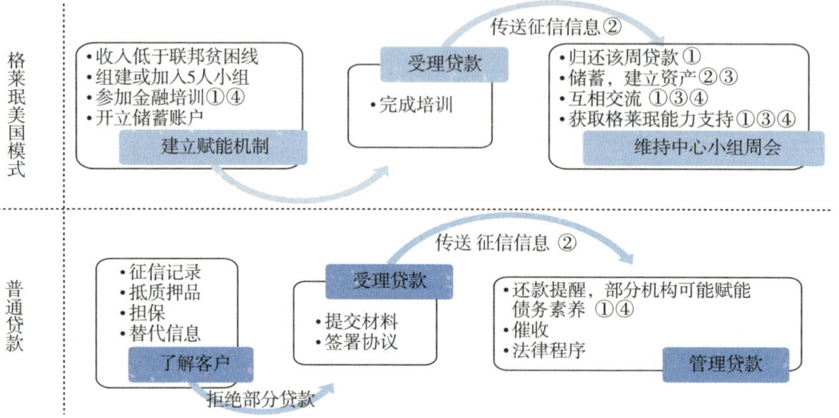

注：对客户金融健康的影响：①管理日常收支；②增加应对冲击的韧性；③规划与准备未来；④提升财务掌控力。

图 4-13　格莱珉美国模式与普通贷款对比

（资料来源：CAFI 研究团队绘制）

融入金融健康理念的 GA 模式在美国取得了巨大的成功，截至 2022 年 7 月，GA 已经在美国 23 个城市服务了超过 15 万贫困女性，放出贷款超过 75 万笔[①]。并且在新冠肺炎疫情开始后的 2021 年实现了自负盈亏，客户留存率为 92%，贷款偿还率为 99%[②]。

（三）美国银行

美国银行是全球权威的市场调研公司君迪公司（J.D.Power）评选出的第一家获得“金融健康支持认证”的机构。美国银行总资产规模排名美国第二、世界第六[③]。美国银行支持消费者金融健康的举措包括五个方面：简化财务状况，易于消费者自我掌控；推动消费者有意识地管理自己的资金；落实专家支持；构建金融素养；在需要的时候得到帮助。在过去若干年中，美国银行在账户、储蓄、贷款等多个业务

① 参见格莱珉美国官网。

② 参见格莱珉美国 2021 年年报。

③ 资料来源：标普全球官网。

中均推出了融入客户金融健康结果的产品，致力于简化流程、构建支持消费者金融健康的框架、提升客户金融健康体验。

例如，针对消费者对未来规划准备不足的情况，美国银行于 2020 年推出了内嵌于手机银行的 Life Plan 产品。Life Plan 主要为帮助客户规划和准备未来提供参考。客户可以使用该应用来设定远期和近期的财务目标，美国银行则通过其另一款免费的金融教育应用 Better Money Habits，根据客户设定的目标来提供建议，客户可以不断地跟踪和按需调整财务目标。自 2020 年 9 月推出至 2021 年末，共有 630 万名客户使用这款应用[①]，成为该银行历史上拓展得快的产品之一[②]。在 2021 年 9 月该产品推出 1 年之际的统计数据显示[③]，Life Plan 用户的账户增加了 340 亿美元余额，62% 为千禧一代和 Z 世代的客户[④]。

① 同期美国银行的企业主客户约为 1100 万户，消费者客户约为 5600 万户。

② 参见美国银行 2021 年年报。

③ 参见美国银行官网新闻发布。

④ 千禧一代（Millennials）通常指 20 世纪 80 年代至 90 年代中后期出生的群体，Z 世代（Generation-Z）通常指 20 世纪 90 年代末至 2010 年前出生的群体。

第五章　小微企业金融健康

本章继续结合中国实际情况，谈谈小微企业的金融健康。首先，明确在中国的语境下小微企业指的是哪些经营主体。其次，谈谈对小微企业金融健康的一些初步认识。为什么需要关注小微企业的金融健康？影响小微企业金融健康的因素有哪些？政策监管、商业机构可以做些什么？

一、认识小微企业

中国小微企业大体上指的是两类经营主体。一类是个体或者家庭经营的小生意、小作坊和小摊贩，如街边的小饭馆和小五金店。它们一般不具备法人资格，可能是经过核准登记的个体工商户。另一类是我们通常意义上指的企业，具有法人资格，因为规模小，根据工业和信息化部发布的标准，属于小型企业或者微型企业。虽然我们常常把这两类群体都称作小微企业，但是它们有着截然不同的特点，有必要加以区分。

（一）小生意、小作坊的特点

个体或者家庭经营的小生意、小作坊有些什么特点呢？让我们先通过两个具体例子来体会一下。

案例一：小微企业主A，女，其家庭种有1.33公顷核桃，在县城开有一家五金店。如通过手机从西安进货，以微信或支付宝支付货款，不记账，不区分经营和生活开支。经营目的是维持生活，不打算扩大经营。有借贷需求，但不是为了经营，而是为了儿子娶亲。

案例二：小微企业主B，女，曾在广东打工，几年前因小孩教育和照顾老人返乡，经营一家小超市，同时在网上代理某公司产品，也代理保险产品。

从以上两个具体例子我们不难发现，小生意、小作坊有以下六个基本特征（见图5-1）。

图5–1　小生意、小作坊的特征

1. 经营主体以弱势群体为主

做小生意的人普遍学历较低，缺乏专业工作技能，包括低收入群体、下岗职工和残疾人等，属于社会中的弱势群体。他们在生活中就业机会少，难以找到稳定的、高收入的工作，甚至打工收入无法支撑全家生活开支。还有一些人是因为无法继续外出打工赚钱，又在本地找不到合适的工作，最后选择做点小生意，解决就业问题。

2. 同时具备生活、经营多重目标

与正规企业的经营管理方式不同，大多数小生意成立的初衷是解决家庭就业难的生存问题，在经营中也主要以夫妻店或全体家庭成员参与的组织方式为主。他们很少记账，也不会给参与经营的家庭成员支付薪酬，因此他们的经济活动和家庭生活是混合交叉的。比如，他们通常不会区分哪些是生产支出、哪些是消费支出。所以在这种方式下，家庭式的小作坊有着生活和经营的双重目标，财务利润和家庭福祉“合二为一”，这与企业的纯经济决策模式有着非常明显的区别。在“合二为一”的模式下，农业经营家庭在种植养殖过程中会倾向于不使用化肥和农药，这样既能保证适当的产量，也能有利于家庭成员的健康。而纯经济决策是要大量地使用化肥和农药，以实现收入最大化。家庭式小作坊的这种属性也造成了政府及社会各界对其身份认定上存在困难，例如，政府的支持性政策难以精准地覆盖到该群体，再如，金融机构在向其提供信贷服务时通常要求其家庭资产作为贷款依据。

3. 行动与决策偏保守

与企业家追求创新和追求发展不同，做小生意的人更在意经营的稳健性，这关乎家庭的生存与生活质量。所以做小生意的人在经营活动和决策中表现出明显的风险厌恶偏好，行为偏保守。例如，很多小生意经营几年甚至几十年仍然保持最初的规模，没有扩大规模和发展的能力和想法。个体工商户有融资需求的比例也比较低。在某沿海发达省份调研中，基层金融机构人员表示只有约 10% 的个体工商户有信贷需求，大多数个体工商户会根据经营的现金流情况灵活调整批发、装修、增加设备等开支，而避免借款。即使借款，很多时候也是用于建房、购房、婚嫁、治病、高等教育等家庭生活的大额刚性支出上。

4. 以传统行业为主

小生意、小作坊主要分布在低成本、低技术、低收益、低附加值的传统行业中。这些行业技术要求低、竞争充分、市场趋于饱和、利润微薄。同时，产业层次普遍不高，家庭小作坊转型升级意愿不高，难度也较大。虽然也有部分人由于经营压力有转型升级的愿望，但在资本、技术、人才、管理等转型升级的关键因素方面积累不足，转型升级较为困难，后劲和活力都比较有限。

5. 经营项目进入和退出门槛低

上文提到了小生意、小作坊所处行业以传统行业为主，虽然在长远发展上潜力较小，但是低成本、低技术也让其进入和退出都较为容易。个体工商户的退出成本相对较低，也给了弱势群体及时调整经营方向的机会，这也体现了“小”的力量。虽然创业成功概率很低已经成了大家的共识，但是小微企业国内总规模在不断进入和退出动态调整中仍然持续壮大。以我国个体工商户为例，截至 2021 年，已经达 1.03 亿户的规模（见图 5-2）[①]，整体的发展规模在不断扩大，表现出蓬勃的生命力。

① 资料来源：CAFI 整理，原始数据来源国家统计局等官网。

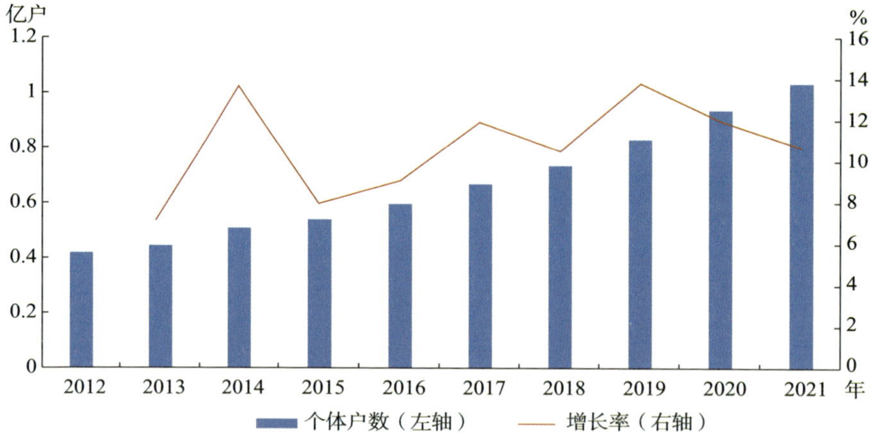

图 5-2　2012—2021 年全国个体工商户总数

6. 面临不利的外部环境时具有脆弱性

小生意、小作坊规模小、抗风险能力弱，基本处于保本微利的经营状态，因此对外部经济的敏感程度普遍较高。当上下游成本价格变化、市场格局变化和宏观经济环境变化时，其生存和发展极易受到威胁，表现出脆弱性。小生意、小作坊的这一特征决定了政府和各界需提高对它们的关注，在适当的时候为其提供必要的帮助，使其渡过难关。而现实情况是，无论是宏观经济环境不景气时，还是常态化经济发展下，各种社会资源都更多地流向了大中型企业，个体工商户获得的外界支持相对较少。

（二）生命周期视角下的小微企业融资

我们之前讨论了小生意、小作坊的特点，下面我们谈谈通常意义上的小微企业。即便是在这样一个群体，处在生命周期的不同位置，小微企业的特点也不尽相同，特别是对金融服务的需求、面临的融资问题，可能都大相径庭。

如表 5-1 所示，在企业生命周期的不同阶段，小微企业的经营特征、管理特征、抗风险能力及经营中使用的资金来源存在明显的差异。

表 5-1 企业生命周期特征

阶段	经营特征	管理特征	抗风险能力	主要资金
创业期	规模较小，创新精神强，知名度低，销售渠道不完善，盈利能力有限，破产率高	缺乏业务和财务记录	抗风险能力弱	以股东自筹的内源融资为主
成长期	初具规模，产品单一；实力提升，有一定市场知名度，销售渠道完善，盈利能力大幅提升	初步业务和财务记录	抗风险能力提升	可抵押资产增加，利润、商业信用、金融机构短期贷款是主要渠道
成熟期	规模较大，经营进入正轨，产品丰富，质量提升，同时面临激烈的竞争市场	管理规范，人事、物资和财务趋于稳定	抗风险能力很强	具备公开发行条件，现金流充足，债务融资比例下降，股权融资比例上升
衰退期	规模庞大、缺乏创新精神、产品缺乏竞争力，产量销量和市场份额下降，盈利能力下降，可能出现亏损	管理松弛、落后，出现内耗	抗风险能力下降	金融资源撤出，被并购、重组或进入破产程序

在创业期，企业的经营刚起步，虽然在产品质量、销售渠道、管理规范等方面都不完善，但是创业初期创新精神鼓舞着企业向前发展，拥有好产品的企业未来发展有无限的机会。尽管如此，此时企业盈利能力较弱，企业拥有的资产也有限，面临风险冲击时表现出脆弱性，在生产建设中难以得到商业机构的融资，企业发展中的资金主要依靠股东自筹。

在成长期，企业发展初具规模，主打产品知名度提高，销售渠道趋于完善，盈利能力持续提高，具备一定应对突发风险的能力，同时在管理上开始规范记录企业的经营和财务情况。随着公司的发展，不仅利润增加，企业的资产也在不断积累，商业信用、金融机构的短期信贷是企业的主要外源融资，企业资金周转的能力提高，但在扩大企业规模和宣传销售等方面仍然有迫切的资金需求。

在成熟期，企业规模进一步扩大，经营进入正轨，产品种类更加丰富，随着市场的发展，企业也面临更加激烈的竞争和新的挑战，在管理上已经非常规范，人事、物资和财务的安排合理、稳定，企业抗风险能力很强，随着企业发展融资渠道非常丰富，也有机会在一级市场进行股权融资，企业的债务融资比例逐渐下降，而股权融资的比例上升。

在衰退期，企业不再保持创新，产品开始缺乏竞争力，最终市场份额和盈利能力持续下降，甚至出现亏损的情况，在内部管理上容易变得松弛、落后，内耗开始出现，无法改变现状的企业将走向重组、被并购，甚至走向破产，最终企业消失。

当然，并非所有的企业都会经历完整的四个阶段，有的企业长期保持在初创规模，维持微利的状态，如个体工商户；有的在创业初期就失败退出，研究发现[①]，企业的年龄与倒闭率之间存在负相关关系，创业初期企业的破产概率比较高，特别是与美国中小企业平均寿命8年、日本中小企业平均寿命12年相比，我国中小企业的平均寿命仅3年[②]，这也使在我国市场上的小微企业普遍呈现盈利能力较弱、管理不规范、抗风险能力弱、资金约束较强的问题。当然，对于成功壮大的企业，也有可能因为各种原因从成长期直接进入衰退阶段，特别是

① STOKES D, BLACKBURN R. Learning the Hard Way: The Lessons of Owner-managers Who Have Closed Their Businesses[J]. Journal of Small Business and Enterprise Development, 2002.

② 参见 https://finance.qq.com/a/20180614/015258.htm。

随着我国互联网产业的发展，处于这种发展轨迹下的互联网企业非常常见。

分析企业的生命周期规律可以看出来，在企业发展的不同阶段，企业面临的主要问题存在明显的差异。显然，在企业的创业期和成长期，随着企业主营业务的发展和规模的壮大，对企业的财务管理、风险管理和资金运用都提出了更多的要求。

二、理解小微企业金融健康

对于企业，是否也需要像家庭一样关注金融健康呢？在市场中，我们经常可以看到一些因财务管理不善而破产的企业案例。这些企业本身在主营业务上并未出现问题，但是却因为财务混乱、上游赊账、融资渠道稀少、突发风险事件造成大额损失等原因造成现金流断裂，甚至最终破产。如果这些企业在经营发展过程中保持关注自身的金融健康状况，并通过改善财务管理、合理使用各类金融工具等措施提升金融健康，相信企业顺利经营并发展壮大的概率将会大很多。

（一）小微企业金融健康与家庭健康的差异

虽然小微企业金融健康的概念在原理上与家庭金融健康是类似的，都包含对日常运行管理、冲击应对和未来成长的关注。但当相同的概念延伸到不同群体时，因为经济功能的不同，两者金融健康的概念还是存在区别的。相较于家庭，企业具有生产经营功能，就会涉及需要利用各类生产要素提供产品或服务，产生利润空间，逐渐积累上游供应商与下游客户整个生产经营流程的全过程，情况更加复杂。比如，有了利润后，生产经营主体就要决定留存收益进入盈余公积的比例，用于对部分生产要素进行再投资与补充，这个过程类似于居民部门的储蓄抉择，但是却要复杂得多。当选择拨出当期的资源作为未来的消费（家庭）或生产（企业）的资源储备，家庭或个人仅在储蓄（广义储蓄包含投资理财）和消费行为之间作出选择，而经营主体跨期积累的资本在生产经营等经济活动中是有放大作用和不确定性的：单位的投入可能能够产生更多的回报，并在扩大生产经营中产生劳动力需求解决更多的就业；相反，作出追加投资的方向和时机的决策如果出错，严重时甚至会拖累经营主体本身生存。生产经营主体的性质决定了考虑企业的金融健康，在切入逻辑、测量维度、对宏观经济造成影响的渠道机制上都与家庭存在差异。

1. 切入逻辑的差异

切入点差异的直接原因在于：相较于在家庭中记账行为的稀有及不规范，企业部门普遍受国家政策要求需要“依法设置会计账簿”，按照现有统一的会计制度进行会计核算。因此，账簿的有无及主体是自然人还是法人本质上决定了研究二者在金融健康切入点的不同。

与企业金融健康相比，家庭金融健康更多地反映了受访主体的主观因素。对家庭金融健康的测度来自对每个自然人的访谈，由此了解个体的各项能力（认知层面）、管理手段（执行层面）与财务稳健程度（结果层面）。家庭金融健康除了包含了受访自然人主动披露出的家庭或个人财务等客观信息，还体现了其主观认知判断的本人或家庭金融能力的高低。相较而言，判断一家企业是否比另一家企业金融更健康，可能更多的是看客观财务表现。评估一家企业财务状况，通常考虑一系列客观财务比率。著名的杜邦分析法就是通过将净资产收益率（ROE）拆解为净利润率、总资产周转率与财务杠杆的乘积，使投资者可以穿透财务业绩表面，深入了解公司内部的运营效率与底层资本架构对其财务表现的相对贡献程度。

2. 测量维度的差异

本书第三章介绍金融健康的度量时分别给出了CAFI对家庭金融健康和小微企业金融健康的度量案例。第三章度量家庭金融健康采用的调查问卷有10个问题，试图从日常收支管理、财务韧性、掌控力及投资未来四个维度来度量受访个体的金融健康水平。而CAFI在度量小微企业金融健康时采用了9项指标，其中有6项来自客观的财务数据，包括流动资产周转率、资产负债率等指标。对比家庭与企业部门的金融健康测量维度可以发现，企业的金融健康主要取决于客观因素。

3. 对宏观经济造成影响的机制差异

从宏观经济的角度来看，当家庭发生群体性金融不健康时，其作为内循环需求端的居民消费支出对宏观经济的贡献乏力，如家庭部门普遍债务率上升会使当前和未来的居民消费疲软。不过，即使家庭金融不健康会削弱消费，但是家庭作为一个主体还是可以继续存在下去的。

相较于个人破产制度的缺失，企业如果发生了群体性金融不健康而导致倒闭潮，这些生产经营主体对就业的维持与创造、对GDP的贡献都将消失，与之相关的贷款资产也会受到直接影响，金融和经济稳定遭受的冲击将会严重得多。企业作为生产端的状况恶化将减弱对出口外需的供给能力，也会传导至居民部门，致使居民的工资性收入和经营性收入再减少，减少的收入会再次传导到消费端，以此往复不断放大，若无适当的应对，宏观经济可能因此彻底陷入衰退周期。

（二）关注小微企业金融健康的意义

小微企业的存续韧性及其带来的经济增长潜力是维系经济增长的

一个重要组成部分。小微企业的金融健康不仅关系着这个群体本身的生存发展，还关联着数亿的就业岗位和他们背后的家庭，以及金融服务供应商的资产质量和业务机会，甚至整个金融系统、经济社会的稳定和健康发展。

对于金融部门而言，帮助小微企业客户应对财务管理、规划及融资中面对的挑战，有利于其客户按时偿付债务，以及购买后续更多其他类型的产品与服务，在延长主客群的平均存续周期后，有效降低服务成本，形成良性循环（见图 5-3）。金融服务提供商应该充分认识到能够开发出培养用户良好金融行为的产品赋能客户，以提升他们的金融健康水平，对当下小微企业而言是有重要意义的。从商业角度出发，作为主客群的小微企业的平均金融健康水平在一定程度上决定了资金提供方的客户基础是否牢固、业务是否有持续动态的增长点、其客户生命周期总价值能否进一步提高。从社会责任角度出发，提供“负责任的”金融服务可以促进社会稳定、提升社会整体福祉。从金融稳定角度出发，监控庞大的小微企业贷款违约风险有助于金融机构巩固短期内自身的资产质量，预防行业声誉风险可能带来的不良冲击，从而防范化解金融风险、牢牢守住安全底线。

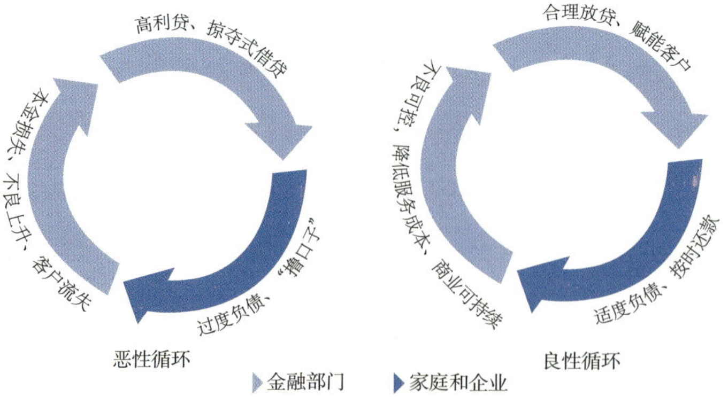

图 5–3　金融部门和非金融私营部门的共生依赖关系

对于政府来说，关注及维护小微企业个体的金融健康的微观意义在于帮其筑起抵御一定市场风险及保留扩张机会的能力，而在群体范围内广泛宣传提升小微企业的金融健康则是为了保住这个在我国宏观经济中创造了“八成以上的城镇劳动就业”①的群体存活率。单个市场主体的存续与否或许不会对系统的稳定与繁荣产生影响。但跨区域的、群体性的市场主体的大规模存续概率的潜在下降确实会对实体经济产生实质性的影响，需要政府部门及早关注与警惕。

（三）我国小微企业的金融健康现状

2020 年 3 月，新冠肺炎疫情得到控制后，CAFI 随即在全国 27 个省随机抽样了 866 份小微企业样本数据，深入调查了各地小微企业在疫情冲击后的金融健康现状。调查发现（见图 5-4），40.6% 的小微企业金融健康得分在 6~8 分，37.3% 的小微企业得分在 4~6 分，10.9% 的小微企业得分超过 8 分。从具体指标来看，“筹集应急资金的能力”“财务规划实现可能性的自我评价”指标的评分均值最差，分别为 3.4 分、4.6 分；其次是“应对财务冲击能力的自我评价”“应急存款是否充足”，分别为 5.2 分、5.6 分；其他各指标的评分均值都超过了 6 分，“流动资产周转率”的评分最高，为 7.9 分。金融健康得分结果反映了小微企业普遍存在融资困难且欠缺长远的规划，但是小微企业通常会各显神通应对经营中的挑战，具备一定的韧性。

① 中国人民银行，中国银行保险监督管理委员会. 中国小微企业金融服务报告（2018）[M]. 北京：中国金融出版社，2019.

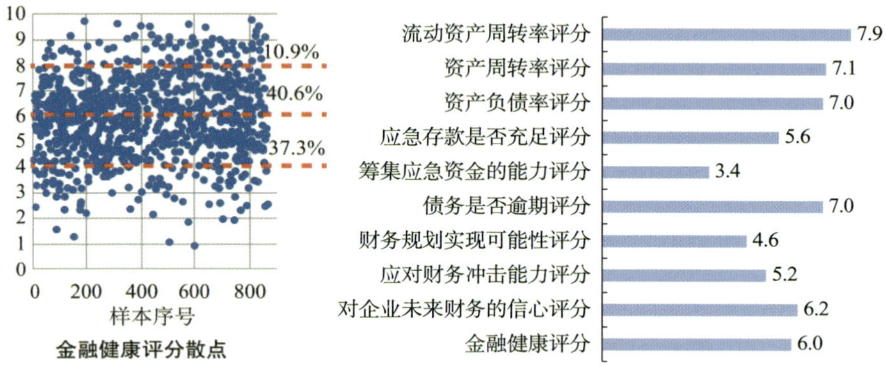

图 5–4 CAFI 调查的小微企业金融健康评分分布

三、影响小微企业金融健康的因素

小微企业保持金融健康有重要的意义，但是根据小微企业的基本特征及我们的调查研究也不难发现，小微企业极容易陷入金融不健康的状态。与影响家庭金融健康存在四个主要因素相似，根据小微企业的特征，我们也可将影响小微企业金融健康的因素归纳为四个方面：经营内容、风险暴露、管理能力和金融服务可得性（见图 5-5）。以上四个因素最终是否会影响小微企业金融健康及影响程度与观察对象的特征、观察的时期等都有关系。因此，政府、金融机构可根据实际情况及数据的可得性将四个因素拓展成与小微企业相关的内因变量和外因变量，并进行深入研究，最终可就研究结果有侧重性、有选择性地提出相应的政策和措施，从而提升小微企业的金融健康水平。

图 5-5 影响企业金融健康四个因素

（一）经营内容

大多数小微企业与百姓的日常息息相关，涉及的行业包括餐饮、服饰、生活零售、美发、宠物、农产品生产等。但是不同经营内容的小微企业在盈利能力和生产销售周期上千差万别，造成了不同企业面临不同的生存环境。例如，对于从事农业生产的小微企业，也就是农业经营主体，一方面，在生产过程中投入了地租、种子、人工、农药化肥、农用机械等大额的成本，而农产品生产门槛较低，属于竞争充分，卖方议价能力较弱的买方市场。因此，与其他行业相比，从事农业生产的小微企业获得的利润微薄，利润率并不高。另一方面，农业生产的周期较长，一般为几个月到几年之间，因此在整个农业生产过程中需要长期持续的资金投入，而收入则比较集中在某一段时间，这对从事农业生产的小微企业主管理现金流、筹集投入资金都有较高的要求。与其他行业相比，从事农业生产的小微企业主经营得更加艰难，因此受到各级的关注和政府的支持也较多。

（二）风险暴露

小微企业遭受的风险包括个体因素、市场因素等突发不可控事件对其正常生产和销售的影响，如果企业没有提前部署好相应的风险规避的办法，或者风险发生的频率和程度都较高，将严重影响小微企业的生存。例如，2021年7月河南发生暴雨，农作物受灾面积为75千公顷，成灾面积为25.2千公顷，绝收面积为4.7千公顷[①]。如果从事农业生产的小微企业主没有购买充分的保险，实际遭受的损失将需要较长的恢复期，严重影响未来的发展；受2022年初上海新冠肺炎疫情的波及，中国中小企业协会调查发现，在样本企业中，完全开工的企业占17.85%，开工率为75%~100%的占14%，为50%~75%的占23.9%，小于50%的占28.8%，未开工的占15.50%[②]。很多企业因为封控、物流等原因无法恢复生产或销售，恢复生产的企业中也有不少因为租金、人工等成本过高而难以如从前一般盈利；近年来，随着电商平台的受众不断下沉，部分线下商店如服饰、生活用品零售被网店替代，生存空间被挤压，而难以被网店替代的服务业如果未接入第三方互联网平台，竞争力也将极大下降，市场环境变化也将改变小微企业的发展格局。

（三）管理能力

小微企业主对企业的管理理念及落实到管理行为的能力决定了企业是否能够平稳地经营，也决定了其长远发展潜力。对于小微企业来说，小微企业主的管理能力表现在其是否有决心进行完善的财务记录、是否有魄力进行科技投入和扩大规模、是否有能力通过购买合适的保险保持对未来各类经营风险的掌控力、是否有管理现金流的意识和能力、是否能在经营中正确地运用各类金融工具。如果一个企业将盈利部分用于革新技术，那么这个企业将获得高于同行平均水平的利润率，更优

① 参见 https://www.thepaper.cn/newsDetail_forward_13724459。

② 该调查为中国中小企业协会对国民经济八大行业中3000家中小企业的发展调查。参见 http://www.ca-sme.org/content/Content/index/id/33827。

质的产品也会吸引更多的消费者获得更多的市场份额。如果一个企业将盈利用于购买办公楼、厂房等固定资产，那么当现金流不足时将更容易、更及时地从金融机构获得贷款，解决企业的困难。总之，小微企业主的管理能力是小微企业是否能从众多小微企业中脱颖而出、保持韧性和长期存续的关键要素，当然也是小微企业保持金融健康的重要因素。

（四）金融服务可得性

国内外的研究均证实金融发展对经济增长有显著促进作用[①]，金融市场正是通过向个人、企业等提供金融服务最终促进了一个地区经济的增长。但是我国的金融市场发展并不均衡，金融服务青睐为国有企业、大型企业和高净值人群提供服务，而小微企业长期面临“融资难、融资贵”的问题。除了信贷服务，小微企业在保险等其他金融服务上同样面临可得性较差的问题。小微企业如果能够获得充分且价格合适的金融服务，那么在其现金流短缺的时候，就能够及时获得融资，平稳渡过难关；在出现风险时，通过提前购买的保险降低损失，也能在有发展商机时找到合适的融资渠道。在拥有卓越管理能力管理者领导下的小微企业，能否实现企业发展保持金融健康，与所处地区的金融市场发展程度及其本身的金融服务可得性有关系。

（五）小微企业金融健康的实证研究案例

上文总结了影响小微企业金融健康的四个因素，2020 年 3 月新冠肺炎疫情暴发初期，CAFI 在《诊断疫情对微弱经济体的影响和政策建议》的研究中就实证研究了由四个因素产生的新冠肺炎疫情前小微企

① KING R G，LEVINE R . Finance and Growth: Schumpeter Might Be Right[J]. The Quarterly Journal of Economics, 1993(108). 张璟，沈坤荣 . 地方政府干预、区域金融发展与中国经济增长方式转型——基于财政分权背景的实证研究 [J]. 南开经济研究，2008(6):20.

业具体金融行为表现对新冠肺炎疫情后金融健康的影响。

基于被调查的866个小微企业的数据进行回归分析发现，在控制年龄、性别、教育程度、婚姻状况、家庭规模、经营年限、经营规模、行业、线上经营模式、是否有转线上经营的规划等变量的前提下，新冠肺炎疫情前债务不逾期、有财务规划、保险投资等金融行为，与新冠肺炎疫情后金融健康相关指标得分及总分呈显著正相关；相反地，中高风险投资与金融健康相关指标得分及总分呈显著负相关（见表5-2）。可见，新冠肺炎疫情前良好的信誉、明确的财务规划、较好的保险保障是疫情后保持金融健康的关键，而中高风险投资给企业带来了压力，继而影响了企业的金融健康。根据该研究得到的结论，各方可根据自身扮演的角色引导小微企业调整金融行为，最终加强小微企业应对意外冲击的韧性，提升小微企业的金融健康程度。

表5–2　小微企业的疫情前金融行为与疫情后金融健康相关指标得分的相关性

晴天买伞 未雨绸缪 流动资产周转率		疫情后金融健康									
		流动资产周转率	资产周转率	资产负债率	应急存款是否充足	筹集应急资金能力	债务不逾期	应对财务冲击能力	财务规划可实现性	企业未来财务信心	金融健康总体得分
疫情前金融行为	债务不逾期			↑	↑	↑	↑	↑	↑		↑
	金融规划						↑		↑	↑	↑
	拓展市场规划				↑	↑		↑	↑	↑	↑
	扩大规模规划										↑
	员工发展规划	↑									
	应急资金储备					↑					
	中高风险金融投资			↓			↓	↓	↓	↓	↓
	保险投资			↑	↑		↑			↑	↑

注：“↑”表示新冠肺炎疫情前金融行为与新冠肺炎疫情后金融健康正相关，“↓”表示新冠肺炎疫情前金融行为与新冠肺炎疫情后金融健康负相关。

四、政府部门如何守护小微企业金融健康

（一）支持小微企业金融健康的政策体系

小微企业金融健康的前提是企业经营状况稳定，而小微企业要平稳地发展离不开一个良好的营商环境，包括公平高效的市场环境为企业提供良好的发展土壤以增加企业的盈利能力；高效充分的配套服务提高企业的效率并为企业多方位地赋能；差异化的政策支持提高企业抵御风险的能力；不断完善的普惠金融体系为企业平稳经营提供有效的工具。除了中央政府朝着提供一个良好的营商环境努力，有能力的地方政府根据当地小微企业的困难和需求创新性地制定各类更符合当地小微企业需要的政策也有助于小微企业保持金融健康和地方市场经济的繁荣发展。因此，支持小微企业金融健康的政策体系可以概括为构成小微企业营商环境的市场环境、配套服务、差异政策、普惠金融和地方做法五个方面。近年来，政府在这些方面已经做了大量的工作。

1. 市场环境

政府在市场环境方面的努力包括以下几个方面：一是创造一个公平竞争的市场。我国于2007年颁布了《中华人民共和国反垄断法》，加大了对垄断的监管和惩罚。通过加强反垄断监管，防止资本无序扩张，杜绝有优势、有地位的大型企业挤占小微企业的生存空间，确保小微企业拥有同样的机会参与市场竞争。二是降低市场的准入门槛。通过"放管服"改革，简化小微企业办理行政审批手续的流程，提高各类行政事务的服务效率，增加了家庭参与市场经营的机会。三是不断完善相关法律法规。通过不断制定优化相关监管法律法规，一方面能够震慑企业的不当行为，保持良好的市场秩序；另一方面也能保护弱势小微

企业的合法权益。例如，强调保护小微企业主的个人财产。相关法律法规明确提出要在各类执行案件中，重视区分法人财产和个人财产的界限，保护企业主的个人财产。该类做法不仅是在促成企业经营的规范化，也为创业失败的企业主提供了东山再起的机会，是保障小微企业在迭代更新中生生不息的关键。公平高效的市场环境为小微企业提供良好的发展土壤，增加了企业的盈利能力，降低了市场风险和商业风险，也减轻了企业经营失败后的损失。

2. 配套服务

对于普遍学历较低的小微企业主，成功创业后能否成功经营仍然面临巨大的挑战，包括对行业和市场的敏感度不高，对政策和相关法律法规缺乏了解渠道，缺乏一定的金融素养从而难以在经营中合理地使用金融工具规避风险、调节现金流等。政府在关注到部分小微企业经营中的困难后，也采取一系列相应的配套服务帮助小微企业。例如，开展普法宣传、技能培训、创业培训、银企对接、设立信息平台打破各类信息不对称。在开展具体的服务和活动时，我们仍然可以用到本书介绍到的金融健康调查来了解小微企业，筛选不同服务中最匹配的对象，根据金融健康调查结果提升、完善各类活动的有效性。通过政府的持续支持和小微企业的顽强拼搏，小微企业经营的成功率可以更高，未来的发展也不可限量。

3. 差异政策

虽然政府在打造一个公平、良好的营商环境及提供配套服务方面都做了大量的工作，但是小微企业自身资质相对较差还是造成了其在市场上的生存处境较为艰难。政府直接面向小微企业的支持和优惠政策，增加了小微企业在市场中的竞争力，特别是面临突发风险时能够增加小微企业对抗风险的韧性。国家先后出台了《中华人民共和国中小企业促进法》（2017 年修订）和《促进个体工商户发展条例》。全国工商联也在新冠肺炎疫情刚开始的 2020 年 3 月就会同中国银行业协会、网商银行等联合发起了“无接触贷款助微计划”，并在 2021 年进一步与中国农业发展银行、中国工商银行、平安银行、北京银行、重庆农村商业银行和网商银行联合发起了新一年度的“助微计划”，“稳就业、振乡村、兴科创”。2022 年 7 月发布的《“助微计划”推进情况报告》显示，“助微计划”推进两年来，共有 127 家银行响应该计划，参与的金融机构月服务小微客户超 300 万户，累计发放贷款超 4 万亿元[①]。

4. 普惠金融

小微企业是我国普惠金融体系重要的服务对象，近年来，政府也在普惠金融领域出台了一系列支持小微企业发展的政策。在金融体系方面，支持发展以小微企业为主要服务对象的中小金融机构，增加金融结构和经济结构的匹配度。在融资方面，鼓励金融机构降低小微企业的融资成本，降低企业的首贷门槛，不断创新融资模式，如供应链金融、知识产权融资等。在保险方面，农业保险持续“扩面、增品、提标”，农业型小微企业抵御自然风险和市场风险的能力不断提高，对小微企业的商业保险给予财政补贴，“信贷 + 保险”的探索也增加了小微企业的融资机会。在交易支付方面，移动支付的发展和结算效率的提高，让小微企业现金流回笼更及时，交易成本下降，资金的利用效率更高。普惠金融的发展，直接提高了小微企业的金融服务可得性，改善小微企业的金融健康。

5. 地方做法

地方政府最了解当地小微企业发展情况及困难，小微企业也关系

① 参见 http://www.zgncjr.com.cn/content/2022-07/11/content_3272.html。

着一个地区的稳定与发展。因此很多地方政府在支持小微企业发展方面也做了很多特色的探索与创新，不仅帮助了本地小微企业的发展，同时也为其他地方政府帮扶小微企业提供了经验。例如，浙江义乌的民营经济发达且进出口贸易量大，政府对小微企业参加国际交流、投保“短期出口信用保险”等活动给予补贴，对小微企业高质量发展、海外投资并购等活动给予奖励。奖励外商来当地投资，通过这些措施提振外贸外资企业信心，推动开放型经济健康发展[①]。

（二）提高支持小微企业政策的精准度

无论中央政府还是地方政府，都出台了一系列政策支持小微企业的发展，帮助企业保持金融健康。但是现实中还是有很多小微企业无法享受到各类政策。一方面，大多数小微企业与家庭之间的界限模糊，政策难以精确传递到对应的人群。另一方面，政府对小微企业了解不够深入，政策方向与小微企业的实际需求存在一定偏差。例如，大多数个体工商户经营信贷需求不多、户主不缴纳社保、没有达到纳税的门槛等，而在实际经营中有保险需求但是缺乏渠道。小微企业能够享受到真正需要的政策才能发挥出相应的效果。为了提升支持小微企业政策的精确度，一些地方政府通过打造互联网信息平台的方式打通了小微企业与政策之间的阻碍，让小微企业充分享受到应有的政策，为小微企业的金融健康发展保驾护航[②]。

① 参见 http://www.yw.gov.cn/art/2022/2/22/art_1229129707_59293679.html。

② 参见 https://www.suzhou.gov.cn/szsrmzf/szyw/202011/884fdbb74a6e455bbf044ad953fc4312.shtml。

案例：苏州市"政策计算器"

江苏省苏州市2007年开发的"政策计算器"变"企业找政策"为"政策找企业"。"政策计算器"整合集成发展改革委、科技、工信、商务、金融等多部门各层级惠企政策5400余条，打破"信息孤岛"和"政策壁垒"，并对归集的惠企政策按产业、层级、部门、支持方向等维度进行分类、图解，将政策科学分解为能与企业相匹配的申报条件数据库。"政策计算器"运用大数据算法和人工智能技术，将企业信息和政策信息进行匹配计算，1秒内得出智能匹配报告。企业只要输入信息就可以获取政策匹配报告，包含该企业可以申报的政策、政策的匹配度及申报途径。企业在首次注册之后，可以持续获取匹配其特征的新政策推送，极大地降低了企业因为了解不及时而错过政策申报时间的可能性，提高企业政策申报效率，促进了惠企政策的落实。自"政策计算器"上线以来，1.5万家企业注册使用，进行1.9万次匹配。2020年苏州市的"政策计算器"也获得了国务院督查的肯定。

五、维护小微企业金融健康的市场实践

金融健康不仅是一项调查企业的有效工具，近年来国内外的学者和政府也开始倡导商业机构将金融健康作为经营客户的结果，在经营业务过程中的各个环节有意识地融入金融健康的理念。商业机构经营中融入金融健康理念不仅有助于其更好地开展小微企业相关的业务，也体现了商业机构的社会责任和担当。本节将介绍几个在业务中融入

金融健康结果的案例，希望这些机构的做法对我国金融机构在将来对小微企业的业务中融入金融健康结果能有一定的启发。

（一）小额贷款机构 Caja Bienestar

墨西哥 99% 的企业都是中小微企业，与中国的小微企业规模小、缺乏信息记录、缺乏抵押担保物等情况相似。由于以上原因墨西哥的小微企业同样面临信贷可得性的问题，仅有 10% 的企业有银行贷款的经历。无法获得银行贷款的小微企业，部分能够从它们信任的供应商处申请不需要抵押品或复杂文书资料的民间贷款，这类贷款存在可靠性低、费率高、供给少等问题。但是，并不是所有的供应商都提供这种信用，大量小微企业依旧缺乏贷款渠道。在这种情况下，墨西哥一家叫 Caja Bienestar 的小额贷款公司专门为小微企业定制了循环信贷产品。这款循环信贷产品从设计到营销，以及附加服务的流程中，都体现出了对客户金融健康的关注。

如图 5-6 所示，在产品设计环节，Caja Bienestar 提供当次贷款费用率的具体数值，客户不需要自己对利率和费率进行换算及加总就可以直接了解贷款的真实成本。针对企业缺乏信用记录的情况，Caja Bienestar 通过与供应商合作获取信息的方式为其提供贷款。在产品营销环节，循环贷款产品的宣传资料向顾客详细介绍了该产品的完整信息及相应的管理负债建议，便于客户作出正确的决策。同时，销售贷款的员工也会根据小微企业的月销售额来判断小微企业偿债贷款的能力，以此作为是否应该发放贷款的主要依据。在附加服务方面，考虑到小微企业主通常对自身的利润情况及债务成本缺乏清晰的认识，Caja Bienestar 设计了一款数字模拟器，帮助小微企业主计算预期销售额对应的利润能否达到信贷的还款要求，并根据计算结果帮助企业主选择适当规模的信贷产品。

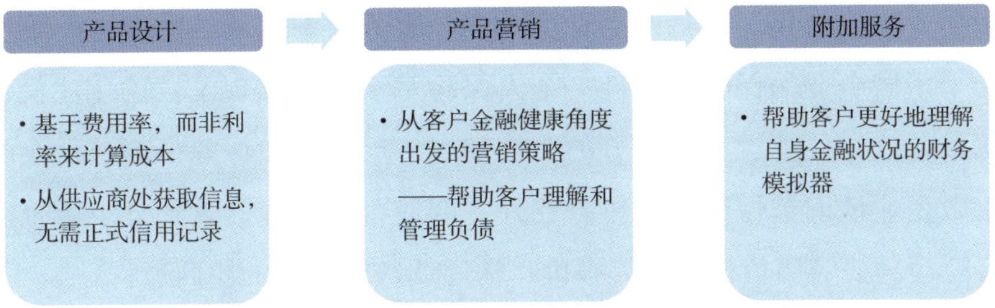

图 5-6　Caja Bienestar 主要金融健康做法

经过这些举措，Caja Bienestar 服务了很多此前尚未覆盖的客户，促进了市场的拓展，同时也提高了客户对信贷产品的理解，客户的负债状况更加健康，Caja Bienestar 自身的资产质量也相应提高。对于小微企业主而言，他们获得了信贷产品，为企业进一步发展及时注入了资金，合理的负债也能够帮助他们改善自身财务状况，减轻财务压力，并且在一定程度上提高了自身商业经营的能力，从而更好地应对风险与挑战。

（二）金融科技平台 Zensurance

保险对于小微企业经营者的金融健康同样重要。但是与个人和家庭面临的风险类别基本相似不同，不同行业的企业在经营中面临的风险类型差异巨大，要覆盖企业主要风险的保险产品往往具备一定的个性化，而个性化的保险产品对应的是相对高昂的保费。对于小微企业来说，满意的保险产品在市场中经常支付不起。因此，有一定条件规避经营风险的小微企业购买的保险主要是财产保险、责任保险、员工保险等一般性保险。大多数小微企业并未购买商业保险或者难以购买到符合需求的商业保险，其经营过程暴露在风险之中，对企业未来的发展产生不利的影响。一旦遇到较为重大的风险事件，经营将遭遇重创甚至难以为继。除了需求端的问题，服务企业的保险市场同样落后于个人保险市场，保险产品种类不全、服务效率较低等问题也严重影响了小微企业的保险可得性。个人保险基本已经实现了自动化比价、比条款这样便捷、竞争充分的销售环境，反观企业保险，部分行业的小微企业依旧被保险条款排除在外，即使可以投保，大部分小微企业保险还需要经历填信息、等报价、沟通调整等漫长的协商过程。

成立于2016年的金融科技平台Zensurance专注于加拿大小微企业和自由职业者等传统保险覆盖较少的客户的保险经纪业务。Zensurance整合了50余家可以为本地小微企业和自由职业者提供保险服务的供应商，客户可以在任何时间在线填写信息，最短实时、最长同一天内获取报价并下单，与传统购买保险方式比较其报价最多可节省30%的保费[①]。Zensurance使用简单易懂的语言向客户解释保险条款，并且覆盖了非常多样化的领域：电商、民宿、美容业、建筑业、制造业、传媒业、房地产业、零售业、咨询师、宠物店、餐馆、摄影师、健身场馆/教练、法律、金融、会计和夏令营等数细分行业[②]。截至2022年初，Zensurance已经拥有了10万个小微企业经营者客户[③]。

① 参见https://www.zensurance.com/about。

② 参见https://www.zensurance.com/commercial-insurance-industry。

③ TONEGUZZI M. How Zensurance Helps Canadian Retailers and Business Owners with Necessary Operational Insurance: Interview[EB/OL]. Retail Insider, 2022-01-25, https://retail-insider.com/retail-insider/2022/01/how-zensurance-helps-canadian-retailers-and-business-owners-with-necessary-operational-insurance-interview/.

第六章　构建金融健康生态

一、重塑普惠金融政策体系

构建金融健康生态需要普惠金融政策体系的支持，在政策层面为金融消费者保护提供必要的保障，将金融健康融入普惠金融政策框架中。

2008 年国际金融危机以后，美国成立了一个新的监管机构——消费者金融保护局（CFPB），加强了对金融机构的行为监管。也正是这个监管机构，率先提出了金融健康的定义与度量方法，并开展了相关的研究工作。金融消费者保护与金融健康的渊源可见一斑。虽然 2008 年国际金融危机让不少人认识到了实施消费者保护措施的必要性，但是随着时间流逝，2008 年的记忆或许已经模糊，有些不曾经历过这段历史的年轻人或许会心生疑惑：金融消费者需要保护吗？如果我们假定消费者行为理性，并具备必要的金融素养，在平等和自愿的原则下，购买金融服务，消费者应该对自己作出的决定负责，何来“保护”一说？而拥护者们认为，政府应该采取金融消费者保护措施，理由至少有以下三个。

一是金融机构会利用消费者行为上的弱点、金融知识和能力上的不足，盘剥消费者。

二是金融产品太复杂，消费者没有甄别好坏的能力。

三是消费者容易受到诱导性营销的蛊惑，头脑发热，冲动消费。

毋庸置疑，面对复杂的金融市场，消费者的能力和素养十分重要。但金融消费者的能力出现参差是无法避免的，而金融体系的包容性不仅取决于是否存在供给不足或者门槛高低的问题，也取决于整个金融体系是如何保护消费者的，以及金融消费者的能力高低是否让他们有信心、有方法作出知情决策。

因此，在普惠金融高质量发展阶段，应该将金融健康纳入普惠金融整体规划和政策框架。通过提升农村居民的财务韧性，助力巩固脱贫攻坚成果；通过优化城乡居民财务状况，助力激发居民的创新创业动力和潜能；通过解决普惠金融发展不平衡不充分问题，助力缩小地区差距、城乡差距和收入差距。具体来看，将金融健康纳入普惠金融政策框架可以从以下三个方面入手。

第一，将金融健康作为普惠金融发展的目标。普惠金融的终极目标是经济和社会的均衡发展与繁荣，而金融健康则是普惠金融发展更为直接的中间目标。在普惠金融政策目标中明确金融健康的重要性，有助于提示政府、监管者和行业实践者，普惠金融不是为了包容而包容，其出发点和落脚点是我国经济主体的福祉——在总量上推升、在结构上更加均衡，以此构建发展与繁荣的韧性。

从国际经验来看，英国的金融监管部门在政策框架中为保护金融消费者而设定的目标，要么直接就是金融健康目标，要么对金融健康有重要影响，即间接促进金融健康。例如，FCA 在 2021—2022 年工作计划[①] 中将消费贷款市场要实现的结果阐释为：（1）消费者可以获取可负担的贷款来平滑消费；（2）消费者不会因为借入了负担不起的贷

① 参见 FCA 官网：https://www.fca.org.uk/publication/business-plans/business-plan-2021-22.pdf。

款而陷入过度负债；（3）消费者可以找到满足其需求的产品；（4）当陷入财务困境时，消费者可以及早对其债务有所把控。其中，第一条、第二条、第四条直接就是金融健康目标，第三条则是间接促进金融健康的中间结果。

实际上，在我国，中国人民银行也已经将金融健康的相关考量纳入到普惠金融发展、金融消费者保护的关注范畴中（见表 6-1）。

表 6-1　中国人民银行对金融健康的关注和考量

时　间	内　　容
2022 年 2 月 22 日	中国人民银行召开 2022 年金融消费权益保护工作电视会议，特别提出要求，深入研究金融健康问题，推进普惠金融高质量发展。
2021 年 12 月 16 日	时任中国人民银行党委委员、副行长刘桂平在 2021 中国普惠金融国际论坛上指出，要增强居民和家庭的金融健康意识，在现有普惠金融覆盖面较广的基础上，通过推进金融健康建设，优化居民和家庭的财务状况，激发居民的创新创业动力和潜能，为共同富裕奠定更加坚实的群众基础；要加强金融教育顶层设计，系统推进金融知识纳入国民教育体系，统筹开展集中性金融知识普及活动，帮助老百姓“守住钱袋子”。
2021 年 11 月 3 日	中国人民银行金融消费权益保护局副局长尹优平在第十六届 21 世纪亚洲金融年会主论坛上指出，在积极推动“十四五”时期普惠金融高质量发展的进程中，要坚持结果导向，注重金融健康，进一步促进普惠金融发展升级换代。
2021 年 10 月 12 日	中国人民银行金融消费权益保护局副局长尹优平在参加 21 世纪经济报道、21 世纪金融研究院举办的金融助力中国“银发经济”市场发展闭门研讨会后接受 21 世纪经济报道记者采访时表示，为推动老年人普惠金融高质量发展，应树立全生命周期的普惠金融理念，需要从过去关注“有没有”上升到目前的“好不好”直至未来的“强不强”，谋划金融健康，提升普惠金融发展能级，标本兼治解决老年人普惠金融发展难题，促进实现共同富裕。

续表

时 间	内 容
2021 年 8 月 18 日	时任中国人民银行党委委员、副行长刘桂平在中国人民银行“央行研究”专栏发表题为“关于中国普惠金融发展的几个问题”的文章。文章提出，厚植负责任金融理念，积极谋划金融健康，不断开创普惠金融新发展格局，并强调，为推进普惠金融更高质量的发展，需要从过去关注“有没有”上升到当前的“好不好”直至未来的“强不强”，一个理想的目标就是促使普惠群体达到并保持一种金融健康的状态。金融健康是普惠金融发展的高级形态，应在乡村振兴和共同富裕中抓紧构建。
2019 年 10 月 12 日	时任中国人民银行金融消费权益保护局局长余文建在 2019 中国普惠金融国际论坛上指出，负责任金融在个人层面，有利于达到良好的个人财务状态；机构层面可以促进可持续发展；在国家层面也能够推进实现普惠金融行业健 康发展，真正建成包容的金融体系。负责任金融有三个支柱：金融教育、金融机构的自律、金融消费者保护监管。

资料来源：CAFI 研究团队根据公开信息整理。

第二，在金融消费者保护中界定和持续关注金融健康的结果。负责金融消费者保护的监管部门可以根据时代背景和利益相关者需求动态界定不同细分领域金融健康的结果框架，特别关注监管资源的高效分配及相应的重点任务定位。充分运用数字技术、行为科学成果来进行评估和监督，引导金融服务供应商在治理中纳入客户金融健康等积极的消费者结果作为发展策略和企业文化，鼓励促进客户金融健康的业界创新实践。加强监管方、供应方、需求方及提供服务或技术支持的机构等利益相关方的对话交流，促成提升金融健康的行业倡议，共同应对金融发展和金融消费者保护的未知挑战。

以世界银行的金融消费者保护框架为基础，监管部门可以在法律和监督框架、信息披露和透明度、公平对待客户的企业文化和公司治理、数据保护和隐私、争议解决机制、存款保护和破产制度等方面研究界定理想结果，并提供制度支持。

在这里我们介绍一种基于结果的金融消费者保护范式，它是指基于结果来衡量金融消费者保护绩效，而不是基于行为的履行情况。在国际上，基于结果的金融消费者保护范式有时也被称为基于绩效（Performance-based）的金融消费者保护范式。比如，金融机构对投资者有风险揭示和告知义务。基于投入的金融消费者保护范式主要通过流程管理来进行监管，通常考核金融机构是否采取了揭示和告知行为，并由投资者签署确认相关材料。基于结果的金融消费者保护范式则是对金融机构的揭示和告知结果进行评估。

如图 6-1 所示，基于结果的金融消费者保护范式包含三个基本环节：一是界定理想的结果；二是恰当地评估结果实现情况；三是针对评估结果采取行动。负责金融消费者保护的监管部门需要特别关注，在供应商的公司治理中是否真正包含志在达成客户结果的文化和行动，金融产品全生命周期的各个环节是否充分地考虑了客户 KYC（Know Your Customer）、适当性、透明度及畅通的交流机制。

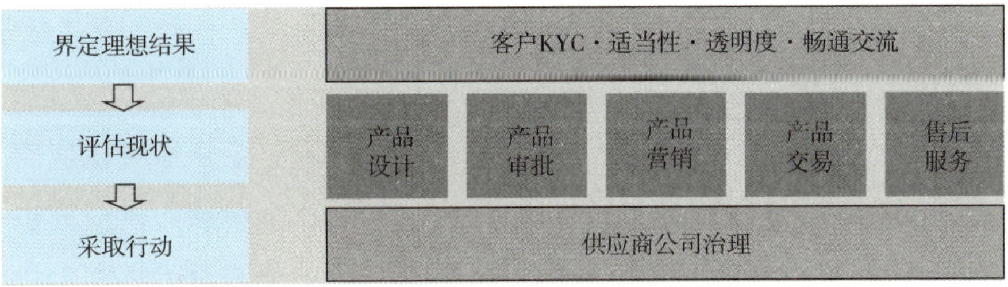

图 6-1 基于结果的金融消费者保护

需要注意的是，无论是要界定的结果，还是评估方法和行动方式，都不是静态的。即使针对同一金融消费者保护问题，不同时期需要界定不同的理想结果。评估方法和行动方式则既取决于结果的特征，也取决于对先进技术的应用、对工作机制的探索及对成本的考量。

第三，在金融教育中加入有助于提升金融健康的内容和方法。2022年8月26日，中国人民银行、中国银保监会、中国证监会和国家网信办举行新闻发布会，介绍了2022年“金融知识普及月 金融知识进万家 争做理性投资者 争做金融好网民”活动情况。时任中国人民银行金融消费权益保护局局长余文建特别强调，要倡导金融消费者和投资者科学理财和合理借贷，推动金融健康的社会共建，促进共同富裕。可以看出，金融健康的理念已经开始出现在政策指引中。未来一段时期，通过在金融教育的内容上明确金融健康的重要性，政府、监管部门、金融机构、雇主、学校和社区可以共同致力于提升公众的金融健康意识，并不断开发支持金融健康的学习资源和支持工具。

从国际上的做法看，英国的金融监管部门十分重视消费者的金融知识教育。监管部门首先会通过一定的平台为消费者提供信息刊物、“一站式”公众咨询服务和宣传手册等；其次设立金融教育组织协调部门，开展金融消费者调查，根据消费者希望获取的金融知识和强烈关注的金融动态，针对性地开展金融知识教育。这些做法值得仔细研究和探索。

二、动员金融服务供应商

无论是从金融业务还是数字技术的应用来看，金融服务供应商才是时刻在探索、不断在创新的市场先锋。同时，金融服务供应商也是经济主体获得金融产品和服务的主要渠道，因此要充分发挥金融机构主力军作用，为普惠个体提供针对性更强的金融产品和服务。金融机构应不断加强金融健康能力建设，将提升客户的金融健康水平作为经营的重要目标之一。将金融健康与金融机构自身的风控环节有机结合，不仅体现了金融服务供应商的社会责任，更是当前供应商提升自身竞争力、区分度的有效路径，有助于实现金融机构稳健经营与客户金融健康的“双赢”局面。

所有可能面向个人、家庭、企业的金融服务供应商都有必要、有潜力建立融入客户金融健康结果的商业模式。例如，银行、保险、各类投资工具供应商、金融科技企业、小额贷款公司、金融规划和咨询服务商等。

（一）为什么要将客户金融健康融入商业模式

融入客户金融健康结果的商业模式的吸引力是巨大的，值得所有相关监管者、从业者和学者对其加大关注（见图 6-2）。

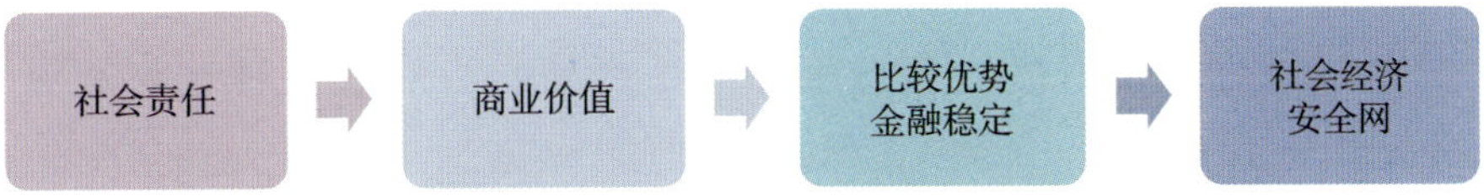

图 6–2　为什么需要关注融入客户金融健康结果的商业模式

首先，这种商业模式体现了金融服务供应商的社会责任。我们可以将金融服务供应商提升客户金融健康的行动视为其社会价值的实现，因为它代表着公平与包容，以及客户和产品责任。任何企业都可以有其社会目标和价值，而金融服务供应商的社会价值格外特殊，因为是否使用和如何使用金融产品和服务都直接关系着金融资源的配置、分配和消费者福祉。

其次，这种商业模式具有直接的商业价值。在新冠肺炎疫情流行和气候变化加剧的背景下，有学者指出，ESG 框架中似乎缺少了一个韧性指标，“ESG 投资者需要能够衡量韧性”[①]。作为将消费者经济

① RODIN J, MADSBJ ERG S. ESG is Missing a Metric: R for Resilience [EB/OL]. World Economic Forum, Global Agenda, (2021-06-07)[2022-06-05]. https://www.weforum.org/agenda/2021/06/esg-resilience-investment-environment-social-governance/.

韧性视为重要维度的指标体系，金融健康不仅代表着客户的韧性，也与供应商的韧性密切相关。因为如果客户是脆弱的，甚或因为使用了某种金融服务而更加脆弱（如过度负债，或信息严重缺失的金融决策），那么供应商也难以获得长期可持续的商业效益。相关研究已经给出了该结论的数据支持[①]。如表 6-2 所示，相较“强烈不同意”或“不太同意”主办银行帮助自己提升金融健康的客户，“强烈同意”主办银行帮助自己提升金融健康的客户对该银行感到“非常满意”的比例几乎是前者的 3 倍。在客户推荐度、忠诚度和额外产品购买前景方面，能够帮助客户提升金融健康的银行都占据非常明显的优势。并且帮助客户提升金融健康的程度不同（如是“强烈同意”还是“有点同意”），客户的满意度、推荐度、忠诚度和额外产品购买前景也具有非常明显的差别。

表 6–2　银行帮助客户提升金融健康对客户满意度、忠诚度和额外产品购买的影响

“主办银行帮助我提升金融健康”	对主办银行非常满意	净推荐值（NPS）	非常有可能在未来 5 年保持关系	非常有可能购买额外产品或服务
“强烈同意”	91%	81	92%	85%
“有点同意”	72%	51	70%	54%
“中立”	58%	27	61%	38%
“不太同意”	33%	-15	36%	17%
“强烈不同意”	32%	-22	42%	18%

再次，金融服务供应商落实客户的金融健康在业务和技术方面具有优势。无论是防止过度负债，还是对未来发展目标进行金融规划和

① ARVES S, WALSTER M, VAN DE WALLE N. Building Valuable Customer Relationships Through Financial Health[R/OL]. Financial Health Network, 2020[2022-06-05]. https://finhealthnetwork.org/research/building-valuable-customer-relationships-through-financial- health/.

准备，如果金融服务供应商的发展目标中没有客户的金融健康结果，那么再厉害的客户或者监管者的努力产生的效果都是有限的。和人类文明的长度比起来，现代金融体系发展的时间还很短，而我们已经经历了许多次全球性或区域性的金融危机。如果金融服务供应商能够在愿景、文化、业务上与客户金融健康对齐，将有助于降低机构与客户利益冲突导致的危机。

最后，我们还将看到，金融健康不仅取决于客户与金融服务供应商之间的互动，还在很大程度上取决于整个社会福利体系——来自政府和雇主的保障、保险和金融支持，将与消费者个人和家庭的生产生活行为、金融服务的使用共同决定他们的金融健康状态。而金融服务供应商（包括持牌金融机构和金融科技服务商）作为业务和技术的真正前沿，有机会提升整个体系的广度、深度和效率。

因此，虽然金融健康是从客户脆弱性发展而来的一个研究领域，但其实际上也与金融服务供应商的韧性与发展、金融稳定及社会经济安全网的建设息息相关。

（二）什么是融入客户金融健康的商业模式

如果从 20 世纪后期部分微型金融领域的先驱算起，融入客户金融健康结果的商业模式已经在实践中萌芽、探索和演进了数十年，但国际上相关的学术和商业研究直到最近几年才开始获得国际组织、学者和咨询公司的关注。2022 年 3 月，君迪公司（J.D. Power）开始向银行和信用卡发行商颁布"金融健康支持认证"[①]，这在一定程度上标志着金融健康已经从理念倡导进入商业应用和推广阶段。

① 参见 J.D. Power（2022)。

融入客户金融健康结果的商业模式具备以下特征[①]（见图 6-3）。

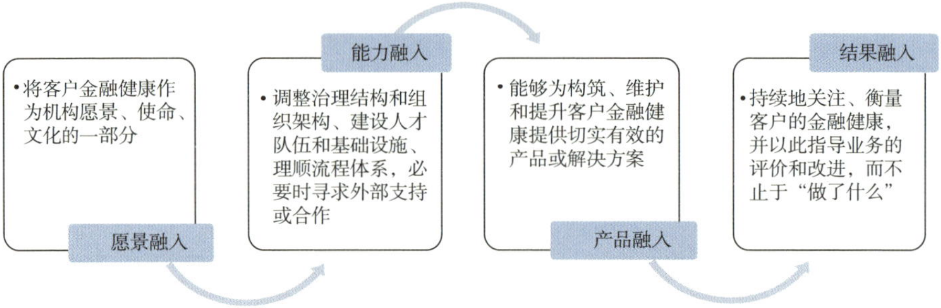

图 6–3　融入客户金融健康结果的商业模式特征

一是愿景融入，将构筑、维护和提升客户金融健康作为机构愿景、使命和文化的一部分。如果供应商（包括持牌金融机构和金融科技服务商）不在愿景上予以明确，那么客户的良好结果很可能沦为“也许会实现”的副产品。

二是能力融入，通过调整治理结构和组织架构、建设人才队伍和基础设施、理顺流程体系，必要时寻求外部支持或合作，让构筑、维护和提升客户金融健康成为可持续操作的业务流程。

三是产品融入，能够为构筑、维护和提升客户金融健康提供切实有效的产品或解决方案。

四是结果融入，持续地关注、衡量客户的金融健康，并以此指导业务的评价和改进。也就是关注“实现了什么结果”，而不止于“做了什么”。

三、加强金融消费者能力建设

建议统筹推进金融教育、金融消费者保护与金融健康能力建设，不断提升消费者金融素养，培养其科学作出财务决策和适当选择金融

① 参见 UNSGSA（2021），Walster 等（2021）。

产品的能力，从需求侧为消费者自我追求金融健康充分赋能。

（一）塑造金融消费者的三层能力体系

金融消费者能力建设至少需要塑造三层能力体系。第一层是流动性资产配置能力，这是“每一天”的必备财务保障。流动性资产的收益率虽低，但能够维持家庭和微小经营主体的基本运行。这是金融能力建设的基础，既包含了相关金融工具的使用，也特别强调收支管理的能力。第二层是风险管理能力。经济主体需要对生命周期内可能发生的风险进行重点防范，谨防“下雨天”遭遇财务困境。第三层是未来规划和发展能力。金融健康需要立足于全生命周期进行考量，要为未来“有一天”的目标做好规划，确保可持续性。

（二）金融能力建设的四个阶段

金融能力建设过程可分为四个阶段：认同建构阶段、能力培养阶段、实践探索阶段和评价反馈阶段（见图 6-4）。

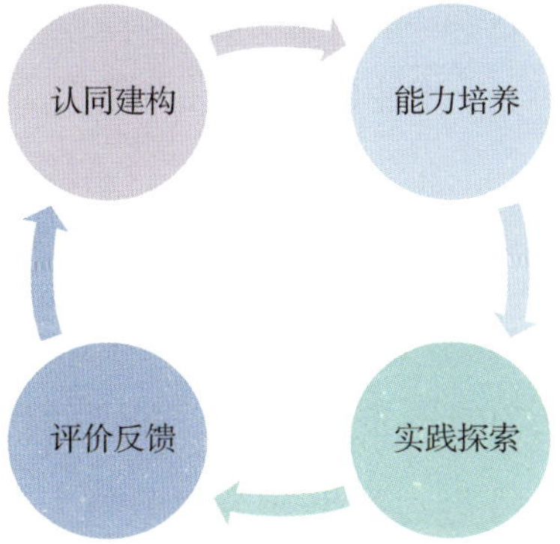

图 6–4　金融能力建设的四个阶段

认同建构阶段是通过对思想认知层面的干预，使经济主体在满足自身某些需求的基础上，自发对金融健康理念和金融能力建设持肯定态度，并主动将其转化为自己的行为规范。这一阶段有两个目标：一是增强对金融健康理念和金融能力建设必要性的认同感；二是促使金融能力建设的主体意识的产生。

能力培养阶段是整体能力建设过程的关键环节和重要内容。这一阶段需要金融消费者立足自身金融健康现状，结合现实需求和经济环境接受所需的教育和培训，以弥补金融知识层面和技能层面的薄弱和欠缺，端正金融态度，提高金融自信。

实践探索阶段是能力培养之后的行为外化，只有当掌握的金融知识与技能在实践中发挥出应有的效果才可视为真正获得金融能力。另外，金融能力提升的“干中学”效应明显。只有在实践中以解决问题为导向才能够形成反思，主动弥补知识与技能中的薄弱环节，实现对原有能力的突破与创新。

评价反馈阶段即通过构建科学有效的评价指标体系，对金融能力水平进行全方位考察，准确总结当前金融健康状态，从而判断出金融能力建设各参与主体的不足与优势，吸取经验教训，以优化下一轮的能力建设。评价反馈阶段使整个能力建设过程形成闭环，促使各个阶段和各个参与主体进行持续性的修正，为提升金融能力的实效性保驾护航。

在金融能力建设中，以微弱经济体为代表的经济主体既是接受金融教育与评价的对象，又是能力外化过程中的实践主体，还是福祉增加的享受主体,我们称为第一责任主体。与此同时,各级政府、金融机构、行业自律组织、学校等社会力量也在为金融能力建设提供环境和机会，我们称为介入主体。由此金融能力建设的动力源可分为内生主动力和外来推动力。

（三）金融能力建设的困境和应对

在能力建设的过程中，诸多制约因素致使能力建设陷入困境，下面将依据金融能力建设四个阶段的闭环过程从内部和外部两个方面具体分析。

1. 内生主动力不足

内生主动力是进行金融能力建设直接而持久的动力，推动金融能力建设的各种外部力量只有通过内生动力才能发挥作用。从现实生活来看，许多微观主体具有严重的“依赖”心理，对自身发展问题常表现出无能为力。长此以往，这部分群体可能会渐渐失去改变现状、寻求发展的内在动力，建构可持续发展能力也就显得困难重重。追根溯源，内生动力不足可归因于以下三个方面。

（1）对于金融能力建设认同感不强。只有在金融能力建设内化为满足自身需求的必要行为时，自我发展的积极性和主动性才会被激发出来，从而转化为实际行动。所以，金融能力建设内在动力不足的首要原因是对金融能力建设的认同感较低，未能产生金融能力建设的需求。

（2）缺乏金融能力建设的主体意识。微观经济主体是金融能力建设的发生点和中心点，主体意识是金融能力形成的能动因素。自我发展主体意识使金融能力建设保持自我更新，只有拥有主体意识，才能够自觉萌发提升金融能力的兴趣与热情，产生强烈的学习力、执行力和创造力，主动与外部环境建立联系，形成基于内源性动力的“我要提高”自主发展模式。否则，微观经济主体就会产生依赖心理，遵从外部力量推动下的“要我提高”发展模式。

（3）金融能力建设的基础能力不足。金融能力是一种重要的人力资本，而人力资本具有累加和自我强化效应。尽管在政策引导和宣传下，很多微弱经济体逐渐意识到金融能力建设的重要性，自我发展的主体意识也在逐步唤醒，但由于基础能力相对较弱，仍有相当部分微弱经济体陷入“知行分离”的自我困顿状态，对如何进行科学有效的能力建设缺乏认知，然后在“习得性无助”的干扰下放弃努力提升的勇气和信心。这种改变的“无力感”会侵蚀掉主观能动性，使部分群体要么在强制下僵硬行动，要么徘徊在金融能力建设之外不断观望。

2. 外部介入主体角色功能待强化

有效降低微观经济主体的金融排斥，提高其金融服务可得性，一直是各级政府、 金融服务提供商、广大社会组织等不同社会治理力量所关心和实践的民生范畴。但在具体实践过程中，不同介入主体之间协商共治的机制未得到充分的贯彻落实，各主体“单打独斗”的情况时常存在，这使金融能力建设过程中难免出现“政策叠加”，容易导致“合成谬误”。而且越是弱势主体受基础设施的限制越大，使上级政府的照顾政策执行力弱，过于强调“指标化服务”而忽视实效性；又或者不同介入主体受到各种外在因素的影响，经常承担着自身不擅长或者没有实际效果的工作，出现角色偏差现象，致使角色功能未能得到恰当的发挥。建构金融能力的外部介入主体的角色定位出现偏差和功能发挥不当容易致使金融能力建设外部保障系统的无力。

综上可知，要达成金融能力塑造目标、守护金融健康，就必须破解自身能力建设动力不足以及外部介入主体角色功能发挥不当的困境，建构多元主体协同建设机制。

协同建设机制应突出“协同”，落脚于“建设”。即处在同一生态体系中的多元利益相关者，以守护金融健康为价值导向，通过建立协同过程和协同效果的秩序，包含纵向的分工和横向的协助共商，合理定位多元利益相关者的角色与功能，形成共同参与、良性互动、优势互补、风险共担的建设格局。

其一，政府和监管部门做好制度性供给，发挥引导功能。不同层级的政府监管部门职责要有效匹配和衔接，积极构建多层次金融能力建设的体制框架和运行机制，预防道德风险。具体而言，在认知建构过程中，政府部门应出台相关政策，在金融能力建设的必要性和第一责任主体意识方面形成舆论导向。在能力培养和实践探索过程中，应鼓励和支持不同主体合作，推动和协同不同主体行动，组织构建人才队伍，监督和评估不同主体的能力建设绩效。在评价反馈过程中，政府部门应制定围绕金融健康考核评价指标体系，协调和监督基层政府单位与第三方评估机构对各方主体的评估工作，确保金融能力提升效果的可持续性。

其二，金融服务供应商做好资源配置，发挥市场功能。金融服务供应商承担着金融能力建设的协调者、资源配置者、经济引擎者和社会责任承担者的任务角色，也应结合各地区金融发展实际，因地制宜、因势利导做好金融产品和服务的供给及金融教育平台建设，突出金融机构在人才、信息、技术等方面的优势，积极推动金融要素的合理流动和配置。

其三，社会组织做好专业性服务，发挥辅助功能。社会组织，如金融行业自律组织等，是社会转型时期创新社会治理的一支重要力量。作为金融能力建设的专业服务提供者、情感支持者、资源筹措整合者、实践评估者、使能者，社会组织可以在金融能力建设过程中发挥辅助功能。具体而言，社会组织可以通过政府购买公共服务的方式介入金融能力建设领域，并与参与主体建立相互信任的专业合作伙伴关系，采取个案管理的专业服务手法为金融能力匮乏的经济主体建立扶“贫”

档案、制订能力提高计划，重点解决其“金融能力贫困”的难题。另外，社会组织作为独立的第三方机构，一方面可以帮助摆脱“等靠要”思想，另一方面应积极协助政府相关部门做好金融能力建设的制度设计。

其四，自身做好内源性发展，发挥主观能动性。微弱经济体的“心理依赖”是其难以有效提升金融能力的重要影响因素。因此，应在多元主体的援助帮扶过程中，先从思想上摆脱依赖，充分认识到党和国家所实施金融能力建设的人民意蕴，再从行动上摆脱依赖，积极主动参与到金融知识与技能的教育培训过程中，最后在能力上摆脱依赖，实现自助再助人能力的积累和提升。这种自内而外的内源性发展，为可持续发展的金融能力建设注入了强大而持久的内生动力。

四、构建社会经济安全网

围绕金融部门，加强宏观调控与微观主体的良性互动，为金融健康建设营造良好的货币政策和金融稳定环境。充分发挥货币政策的引导作用，激励金融机构和微观主体作出有利于金融健康的行为。同时，充分考虑相关群体的金融健康状况，既要避免大量个体的金融不健康积聚形成金融风险的隐患，也要防止金融风险外溢而对大量个体的金融健康产生负面影响。

我们还要意识到，经济主体金融健康的影响因素远超过金融部门的范畴。养老保障、医疗保障、就业政策、雇主支持及诸多福利的供给方式等都可能显著影响经济主体的金融健康。相应地，未来一段时期，金融部门有必要与人力资源和社会保障部、财政部、民政部、卫生健康委等相关部委通力合作，整合、联通促进经济主体金融健康的社会资源。在提升资源运用效率的同时，共同构建更加全面、有韧性的社会经济安全网。

在数字时代背景下，有助于构建和提升金融健康的社会资源（包括线下资源）应该通过技术和网络实现更加高效率的整合和供给。2022 年 7 月，国务院办公厅同意建立由国家发展改革委牵头的《数字经济发展部际联席会议制度》，可以成为将金融健康纳入社会经济安全网的制度支持。

五、推动金融健康研究

为了有效地采取行动并为金融健康提供科学的衡量标准，结合中国经济主体的特征开发、完善金融健康的度量指标和监测体系是必不可少的。个人、家庭和企业可以随时了解自身的金融健康状况，并及时调整金融行为。金融服务供应商可以为客户提供更适当的金融服务和赋能工具。政府和监管部门可以持续了解市场动态和经济主体的金融健康状况，如财务韧性、债务风险等，有助于适时提供政策支持。学者也可以更加深入地研究与金融健康和金融行为相关的实证主题。建议在现有普惠金融指标体系及填报制度的基础上，完善金融健康评价标准。借鉴吸收财务日记调查等微观调查方式方法，将其与传统普惠金融调查结果相结合，并探索更多的可复制、可推广的实践经验。

在新冠肺炎疫情给全球发展带来持续冲击的背景下，2021 年度的世界银行 Global Findex 报告首次将金融福祉作为与金融服务的可得性、使用情况并列的一部分进行了专门讨论，突出体现了金融健康当前已经成为一项全球发展议题。该报告重点关注了世界各国成年人的财务韧性、财务担忧和支持金融福祉的机会三个方面。

针对财务韧性的调查显示，以各国年人均国民收入的 5% 作为应急资金的额度，并且考虑所有筹资渠道（存款、亲朋支持、工作收入、借贷、变卖资产等），发展中国家只有 55% 的成年人能够在 30 天内没有太大困难（不困难或有点困难）地筹集到该额度的应急资金。相较之下，我国受访样本的整体情况明显优于发展中国家的平均水平。具体而言，我国年人均国民收入的5%约为4000元人民币，高达83.7%的受访者表示能够在30天内没有太大困难地筹集到该笔应急资金。从筹资渠道来看，我国受访者选择的主要渠道为，通过工作赚钱应急（36.8%）、动用储蓄（32.9%）和依靠亲朋支持（16.8%，不含从亲朋借款），选择通过任何借贷渠道应急的占比仅为1.8%（含从金融机构、民间借贷、亲友等渠道借款）。可以看出，在遇到紧急情况时，能够继续工作或者外出打工赚钱是我国居民保持财务韧性的非常关键的渠道，而能够通过动用储蓄应急的仅占约三成。

针对财务担忧的调查显示，发展中国家的成年人52%“非常担心”、30%“有点担心”新冠肺炎疫情带来的持续经济影响。我国的情况依旧明显好于发展中国家平均水平，“非常担心”和“有点担心”疫情带来持续经济影响的受访者分别为28%和42%。然而，值得关注的是，我国受访者对疫情表示“非常担心”和“有点担心”的比例之和高于对老年开支、医疗开支（重病或意外）、月度开支和教育开支等所有其他类别，表明持续的疫情给我国居民造成的财务担忧不容忽视。

针对改善机会的分析显示，虽然数字金融服务的发展为提升金融包容性带来了前所未有的机会，但由于金融素养不足、消费者保护体系薄弱，部分弱势群体难以从金融科技发展的进程中受益。因此，如何更有效地提升金融素养、保护金融消费者，是未来一段时期提升金融福祉的重要切入点。

六、参与国际交流

我国在普惠金融发展中所取得的成果已经得到了国际社会的充分

认可，当前有必要进一步参与到金融健康的国际对话中。尤其是当我们认识到金融健康与经济发展、金融稳定、社会安全密切联系时，积极的国际交流不仅有助于我国在政策工具和方法上取长补短、持续精进，也有利于建立观察渠道，了解各国微观经济金融发展动态，反思现象背后的创新动力与风险信号，及时把握我国经济金融发展可以抓住的机会和可能面临的风险，不断强化金融部门乃至经济社会的发展韧性。

目前，UNCDF 已经成立了 CFH。联合国环境规划署旗下的金融机构项目 FIP 开始为参与机构提供有关金融健康的发展指引。拉丁美洲开发银行也正在支持拉丁美洲各国的金融健康衡量和将金融健康融入普惠金融和金融教育项目。此外，OECD 也与 FinCoNet 合作召开了基于绩效的金融消费者保护论坛，共同研讨监管方法如何为金融消费者带来良好结果。未来一段时期，我国可以在亚洲乃至全球范围内积极参与、倡导金融健康主题的对话与合作。

后 记

本书定稿之后，关于金融健康的研究、市场实践与政策监管都有不少新的发展。在研究方面，中国普惠金融研究院与大都会基金会合作完成的报告《灵活而脆弱——中国灵活就业者金融健康报告》即将发布。另外，不少前沿的商业机构已经开始关注金融健康。比如，支付宝已经在用户保护中心上线金融健康板块。这可以说是金融健康从理念迈向实践里程碑式的事件。与此同时，国内金融监管体系开展机构改革，中国人民银行有关金融消费者保护职责，以及中国证监会的投资者保护职责划入国家金融监督管理总局，由其统筹负责金融消费者权益保护。这标志着金融消费者保护工作上了一个新台阶。这些新的发展让我和汪雯羽备受鼓舞，希望本书的出版能为中国金融健康事业的发展贡献绵薄之力。